2018
第25号

英語語法文法研究
Journal of English Grammar and Usage

The Society of English Grammar and Usage
英語語法文法学会 編

開拓社

目　　次

［シンポジウム］

「文をつなぐ」仕組みと「文をつながない」仕組み …………… 大竹　芳夫　　5

談話標識がつなぐもの ………………………………………… 松尾　文子　　21

話し手の「心」を伝える文のつなぎ方 ……………………… 安井　　泉　　36

［論　文］

当為を表す HAD BETTER ……………………………………… 小澤　賢司　　53

play a role (in) V-ing における前置詞 in の随意性と義務性 … 桑名　保智　　71

by now の意味・用法の記述 ………………………………… 平沢　慎也　　88

副詞応答文 Really? について ………………………………… 平田　一郎　　105

「クジラ構文」に見られる条件性と対偶解釈読み

　　──構文の類型化を巡る問題── ……………………… 廣田　　篤　　121

実現の含意から見た not (...) until X 構文の用法 ………… 明日　誠一　　137

［投稿規定］

『英語語法文法研究』の論文・語法ノートへの投稿規定 …………………… 153

シンポジウム論文について〈付記〉

　本号には第 25 回大会（2017 年 10 月 17 日、専修大学神田キャンパスにて開催）におけるシンポジウム「英語の文をつなぐ接続現象」に基づく論文を掲載しています。なお、シンポジウム当日やむをえない事由により大竹芳夫講師が代読を行なった安井　泉講師の論考も収められています。

シンポジウム

「文をつなぐ」仕組みと「文をつながない」仕組み*

大 竹 芳 夫

1. はじめに

　私たちは感情や考えを伝え合うために文を話し、そして書く。述べ足りないときには情報を補足するために文をつなぎ、逆にまとまった内容を述べ終えたときには文をつなぐことをやめる。また、文を途中まで話していて、ふとことばが出てこなかったときには、相手が情報をつないで文を補完してくれることもある。「文をつなぐ」と言っても、英語の談話を観察すると、英語話者が文をつなぐ方法は一様ではなく実にさまざまな工夫を施していることがわかる。たとえば、(1) では、I'm leaving という文に、理由を表す接続詞 because から始まる it's simply time to go という文を接着させてつなぐことで因果関係が明示され、情報に流れが生まれて話の筋が通るようになる。一方、(2) は接続詞を用いて文と文とを接着してつなぐのではなく、「つなぎ表現」として Well（だって）と it's just that（ただその）を発話した後に、ためらいの「間」を介してつないでいる。以下、用例中の下線および波線表示は筆者による。

(1)　I'm leaving because it's simply time to go.

(*The New York Times*, Feb. 20, 1986)

(2)　Brad Anderson: What's so funny?

　　　Chris Parker: Well, it's just that ... you're just a child.

（映画の台詞：*Adventures in Babysitting*, 1987）

---

　*　本研究は平成 27–30 年度日本学術振興会科学研究費補助金基盤研究（C）課題番号 15K02592「日英語の文連結現象において指示表現と名詞節化形式が果たす役割に関する総合的研究」（研究代表者：大竹芳夫）の研究成果の一部である。

さて、Radden and Dirven (2007) は文をつなぐ従属接続に関わる興味深い観察結果を紹介している。Radden and Dirven (2007) によれば、英語話者の幼児は (3a) とは異なり、(3b), (3c) はその文の意味を理解することが難しいと言う。なぜ幼児の理解の程度に、そのような差異が観察されるのであろう。

（3） a.　John played before Mary sang.

　　　 b.　John played after Mary sang.

　　　 c.　Before Mary sang, John played.

((3a)-(3c): Radden and Dirven 2007)

(3a)-(3c) は John played (ジョンが演奏した) と Mary sang (メアリーが歌った) という 2 つのことがらが、従属接続詞 before や after を介してつながっている。しかし、ことがらの生起順序と文の配列順序を比較すると、2 つのことがらが生じた順序をそのまま反映して文が線状的につながっているのは、(3a) だけである。このことは、英語話者の幼児が 2 つの文の内容的なつながりをとらえようとするとき、従属接続詞を手がかりにするのではなく、文の配列順序にことがらの生起順序を「類像的」に見ていることを示している。つまり、英語話者にとって、たとえ after や before という接続表現があったとしても、時間の流れの通りに文と文とがつながれているものとして認知処理することが既定値として初期設定されているものと考えられる。本研究は具体的な事例をもとに、英語の「文をつなぐ」仕組みと「文をつながない」仕組み、ひいては接続現象を支える発話者の感性や発想を考察する。[1]

2.　文をつなぐ

2.1.　指示表現を選んでつなぐ：　it と that の選択

計算を指示する (4), (5) を考えてみよう。

（4） First square 19 and then cube {it / that}.（まず 19 を 2 乗して、次に {19 (= it) / その計算の結果得られた数 (= that)} を 3 乗しなさ

---

[1]　大竹 (2016) は本研究で取り上げた言語事象も含めて 60 項余りの「文をつなぐ」接続現象を詳細に論じている。

い：it = 19, that = 19² (つまり 361))　　　(Isard 1975: 289-290)

（5）　Add seven to five. Now subtract {it / that} from twenty. (5 に 7 を
足しなさい。次に 20 から {7(= it) / その計算の結果得られた数(=
that)} を引きなさい：it = 7, that = 12)　　　(Wolter 2006: 202)

(4) では計算を指示する 2 つの文がつながっており、後続文中の指示表現 it
と that はそれぞれ先行文中の異なる対象を指示している。Isard (1975) によ
れば、(5) の it が指示しているのは先行文中で言及した数字 19 であるが、一
方の that が指示しているのは先行文の計算の結果、新しく得られた数、19²、
つまり 361 という数である。また、Wolter (2006) によれば、(5) の it は先
行文中で「主題」として言及した数字 7 を、一方の that は先行文の計算の結
果、新しく得られた数 12 を指示しているという解釈が優先的に得られる。

　これらの例が示すように、話し手が何を表現しようとしているかによって
指示表現 it と that の選択が決定される。これは、it の指示対象は相手の発話
に先立って話し手が持っている情報を表し、「既獲得情報（already-learned
information）」でなければならないが、that の指示対象にはそのような制約
はなく、相手の発話などにより話し手が初めて得た情報、「新獲得情報
（newly-learned information）」であってもよいからである（cf. Kamio and
Thomas (1999)、大竹 (2009)）。また、(6a), (6b) のような、会話で頻用さ
れる表現においても it と that の選択によって意味の相違が生じる。

（6）　a.　"Thank you, Danny.　Thank you for everything."　"Please,
don't mention it," Buchanan said.

（D. Baldacci, *Saving Faith*）

　　b.　"[...] And you've lost all that money."　Stone raised a hand.
"Please, don't mention that again."

（S. Woods, *The Short Forever*）

まず、(6a) のように、指示表現 it で先行情報をつなぐ Don't mention it. は、
相手の感謝や謝罪を受けて発話され、「どういたしまして」や「気にしないで
ください」という意味を表す。一方、(6b) のように、指示表現 that で先行情
報を指示する Don't mention that. は、話し手が言及してはしくない相手の

発話内容を受けて発話されて、「そのことには触れないでください」という意味を表す。このように、場面や文脈の情報を引き継いでつなぎ合わせる指示表現 it と that の選択には、それが指示することがらが話し手の心にどのようにとらえられているのかが反映されることがわかる。

2.2. 天候・明暗・時間などを表す文と形式主語構文を 1 つの主語 it でつなぐ

Bolinger (1977) には (7) のような例が紹介されている。(7) の例は、文頭の it が、明暗や天候を表す文の主語としてのみならず、形式主語構文の主語としての役割も果たし、3 つの文をつないでいる点で興味深い。

(7) Speaker A: What caused the accident?
   Speaker B: It was dark and also raining and consequently impossible for the driver to see the road.　　(Bolinger 1977: 83)

つながれた 3 つの文には木に竹を接いだようなチグハグな違和感がないことから、中右 (2013) はこれらの it は等しく「状況の it」であると説明している。[2] Bolinger (1977) が言及する (7) の事例を通して、明暗や天候を指す it も形式主語 it も共通した指示特性があるものとして英語母語話者がとらえていることの一端が垣間見える。実際の資料を観察すると、(8a)-(8c) のように文頭に立つ it が天候・明暗・時間などを表す文だけでなく、形式主語構文もつなぐ共通の主語として用いられ、ある場面の状況を描写する用例が確認できる。

(8) a. "It was drizzling rain and foggy and impossible to see very far. [...]"　　(B. Towsley, *Benoit Bucks*)
   b. It is dark, but not impossible to recognise the pictures painted all over the walls and roof.　　(C. March, *Reflections*)
   c. "It was night and hard to see you. [...]"
      (L. Stepp, *For Six Good Reasons*)

---

[2]　Bolinger (1977) ではこれらは「環境の it (ambient *it*)」と呼ばれている。

3. 文をつながない
3.1. 未完結のまま発話を終結する

　心に浮かんだ事柄や考えがことばになるとき、よどみなく最後まで発話されるわけではない。また、途中で休止した発話の未完結部分の情報が、後続談話で補完されるとも限らない。英語の談話を観察すると、話し手が発話途中であるにもかかわらず発話を終結し、文をそれ以上はつながないことがある。(9) では、話し手 A が So it was just (つまり、ただその、何というのか) と言って、そのあとに情報を続けず、未完成なままで発話を終えている。

(9)　Speaker A: So it was just, you know.
　　 Speaker B: Yeah.　(AmE)　　　　　(Biber et al. 1999: 1064)

Biber et al. (1999) は未完成 (incompletion) なまま発話が終結される理由として、話し手が話の筋を忘れてしまった、だれも聞いていないので話すことをやめた、あるいは不愉快な結論を伝えることを避けた (= (9)) といったことが考えられると説明している。さて、釈明や弁解の内容が披瀝されるとき、just を含む It's just (that) の部分が切り出された後に発話が休止することがある。It is just that 節構文の発話休止は、大竹 (2018) で詳しく論じたように話し手には避けようのない事由 (= ①〜②) によることもあれば、話し手に起因する事由 (= ③〜⑦) によることもある。

①＜発話途中で突発的事態を知覚したために休止する場合＞
(10)　"I didn't mean to suggest that you did anything wrong.　It's just that —"　The arrival of the waiter with coffee terminated the thought, [...].　　　　　(J. Deveraux, *Legend*：大竹 (2018))
②＜発話途中で聞き手にさえぎられたために休止する場合＞
(11)　"[...] Look, I'm really sorry it's just that ..."　"Shhh, it's okay. Don't worry about it."
　　　(W. K. Williamson, *I'm Not Crazy Just Bipolar*：大竹 (2018))
③＜発話途中で話し手に喜怒哀楽の感情が生じたために休止する場合＞
(12)　"I'm sorry.　Really, I am."　He swallowed, obviously trying to look serious.　He failed big time as far as she was concerned.

"It's just that ..."   The laughter won, and he let out a chuckle.

(M. Hingle, *The Kidnapped Bride*：大竹（2018））

④＜発話途中で聞き手の了解を得るための前置きを伝えたために休止する場合＞

(13)   "Tell me something, Michael.   We're not just coworkers, we're friends, right?"   "Of course we are, Eddie.   It's just that ... well, I'll just tell it to you straight.   And understand that this has absolutely nothing to do with you and me as friends, okay?"   "Go ahead."   (D. Richart, *Prodigal Bum*：大竹（2018））

⑤＜発話途中で情報を整理して適切に表現するために休止する場合＞

(14)   "What's wrong with Frankie?" the bird seemed offended. "Nothing," Ryan scrambled.   "Nothing at all.   It's just," his thought stopped short of another offensive statement.   "What?" the bird needed to hear this.   "It's just that," he hesitated to get the wording right.   "Frankie doesn't seem like a bird's name."

(J. L. Arnott, *Magic Tales: From the Depths*：大竹（2018））

⑥＜発話途中で実情や解釈を披瀝することを控えたために休止する場合＞

(15)   "Uh-oh, does that mean Elizabeth is coming?" Cam inquired.   "I hope not," Freedom said softly.   "I don't mean to sound rude. It's just that ..."   Freedom was too nice to say what she really thought so Cam finished her sentence.   "It's just that Elizabeth is a power-hungry, stuck-up, snobbish diva who tries to make everyone around her feel inferior?"

(R. Limbaugh, *Rush Revere and the American Revolution*：大竹（2018））

⑦＜発話途中で説明を放棄したために休止する場合＞

(16)   "I believe you.   It's just that ... oh, forget it."   He turned back toward the door.   "Come on."   "No way.   What were you going to say?" He came back to face her.   "It's just that I know that you can do this, and I know that you know, that you can do this. [...]"   (M. Temte, *Urban Cowboy*：大竹（2018））

以上、本節で例証したように、It is just that 節構文の発話途中に生ずる休止は、突発的事態の発生や、聞き手の割り込みといった話し手には避け難い事由によることもあれば、釈明や弁解のことばを慎重に選ぶための言いよどみや説明放棄といった話し手に起因する事由によることもあることがわかる。

3.2. 積極的に発話を終結する：That's that. と That's it.

話し手は聞き手の理解に配慮し、伝達する情報に区切りをつけて終結する。That's that. と That's it. は発話の終結を積極的に伝えるので、聞き手の介入を認めずに話し手が一方的に話を打ち切るという含みをしばしば帯びることになる。そのために、発話を完結するはずであった言明が聞き手によって直ちに打ち消される事例がある。(17) では、話し手が発話を結ぶことを That's that. と伝えたにもかかわらず、聞き手は That's not that.、That can't be. と切り返して、相手が発話を打ち切ることをそのまま受け入れずに拒んでいる。

(17)　"[...] That's why we never married.　I guess deep down, we're a couple of romantic saps.　We want it all.　<u>That's that</u>." "<u>That's not that</u>.　<u>That can't be</u>."　"<u>It is</u>."　(S. Isaacs, *Lily White*)

発話の終結を伝達する表現は定型表現として定着している。しかしながら、これ以上文をつながずに話を切り上げたい、長くなる話を単純化したいという話し手の意図がこうした表現に込められるとき、聞き手に切り返されて、結果的には発話が終局を迎えないことになる可能性もある。

3.3. 文をつなぐことを拒否する：相手を苛立たせる表現 whatever

日本語の「別に」、「どうでも」といった、ひと言は、相手が投げかけた話題に対する話し手の無関心な態度、その話題の展開を拒否する態度の現れである。このような日本語に相当し、相手が持ち出した話題の展開を拒否して文をつながない英語表現に whatever がある。次の (18) では whatever を互いに言い返す、言い争いの場面が描写されている。

(18)　"You shouldn't have pegged Papa Smurf.　That was a bad idea."

Said Adam. "Yeah, <u>whatever</u>. They won't even remember about that shit in an hour." "<u>Whatever Chris</u>." "Yeah, what-ever Adam." "<u>Whatever</u>." "Yeah, <u>whatever</u>." "<u>Whatever</u>." "Can you two just shut the fuck up?!" Hank yelled.

(J. Melendez, Just Ruthless)

相手が持ち出した話題に対して意見を伝え合うことを「たった一言で」拒絶する態度を表す whatever は、英語話者にとって使用場面に配慮しなければならないようである。米国マリスト大学世論調査研究所は、「普段の会話で聞き手を苛立たせる表現」について 9 年間調査を続けている。2017 年の調査結果によれば、1 位 whatever（33%）、2 位 Fake news（23%）、3 位 no offense, but（20%）、4 位 literally（11%）、5 位 you know what I mean（10%）である。同世論調査によれば、whatever は 9 年間連続 1 位に選ばれている。なお、(19) のように相手が投げかけた話題に対して、whatever と一言だけ発し、意見交換を拒絶する態度をとることは、"whatever" attitude と呼ばれている。

(19) Beware of <u>the "whatever" attitude</u>. <u>A "whatever attitude type person"</u> is a person who believes in "whatever" when you ask them what they think. Avoid them like the plague.

(T. R. Wallin, What I Would Have Said)

4. 話し手の心を映し出して文をつなぐ

4.1. へりくだった気持ちを表現してつなぐ：**put my two cents in**

　ことばをむき出しのまま発しても聞き手には受け入れてもらえない。聞き手と良好な関係を保ちながら情報を交換するとき、英語ではどのような「つなぎ表現」が活用されるのであろう。相手の考えに対して求められてもいないのに自分の意見を差し挟むことがある。日本語話者ならば、へりくだって「ひと言、よろしいですか？」などとあらかじめ告げてから本題につなぐことがある。(20) で用いられている下線部の put my two cents in を含む英語表現も、求められてはいない情報を相手に述べる際に用いられ、話し手のへりくだった態度を表明する英語特有の表現である。波線部が示すように、相手

「文をつなぐ」仕組みと「文をつながない」仕組み   13

も洒落た表現を返して発話をつないでいる。

(20) Ed Koch: Can I put my two cents in?
      Larry King: You may, it's your money.
      Ed Koch: I see my show as both educational, and interesting and
          amusing.
                        (CNN の番組："CNN Larry King Live," July 27, 2000)

本表現の基本的機能は、話し手が自分の意見を two cents（わずか 2 セント）
に喩えて、価値のないものとして伝えていることからわかるように、相手に
へりくだった態度を示して「ひと言、よろしいですか？」などあらかじめ告げ
てから本題につなぐことである。基本的には、求められてもいない自分の意
見を開陳するにあたり、へりくだって相手との衝突を最小限に抑えながら、
言うべきことを言うときの効果的表現として用いられる。ところが、本表現
はその文字面とは裏腹に、頼まれてもいない意見を相手に伝えることから、
しばしば一方的な「教示」や「本音の披瀝」として相手に解釈されることもあ
る。次の (21) の波線部の said harshly から明らかなように、同表現が厳しい
言いかたで発話され、次いで教示的な内容が伝えられていることがわかる。

(21) He turned and said harshly, "Mack, can I put in my two cents?"
      "Go ahead." "You say you think of Jill as your wife.   But you
      treated her like a tramp.   No wonder she resents it!"

                                        (M. Gardner, *The Strange Women*)

4.2. 情報価値のある内容を婉曲に伝えてつなぐ：for what it's worth

　英語の文をつなぐ表現の中には、英語話者特有の発想に基づいているため
日本語話者に容易には理解しがたく、日本語に訳しにくいものがある。英語
の会話で頻用される for what it's worth もそうした表現例である。for what
it's worth は (22a) のように、情報価値のある内容を聞き手に婉曲に伝える
つなぎ表現である。波線部が示すように、本表現が発話される環境には、話
し手の控え目な態度や、謙遜し自重しつつ話し手の個人的な見解を伝達する
様子が言語表現となってしばしば顕現することがわかる。また、(22b) の波

線部が示すように、for what it's worth の発話時の口調の描写にも、話し手が控え目な態度で情報をつないでいる様子を見て取ることができる。

(22) a. "I know this won't help any," I said, "but for what it's worth, I feel terrible about what happened.　I think about Brian a lot." (S. Hamilton, *Night Work*)

b. "Then for what it's worth, I am sorry for what happened today."　Marlen said with sincerity in his voice.
(G. McMurtry, *The Earth Directive*)

CCADE[7]は for what it's worth の意味を "If you add **for what it's worth** to something that you say, you are suggesting that what you are saying or referring to may not be very valuable or helpful, especially because you do not want to appear arrogant."（特に尊大に見られたくないという理由で、あなたが伝えたり言及している内容があまり価値がなかったり、役に立たないかもしれないことを婉曲に伝える）と的確に記述している。たしかに、for what it's worth は話し手が持ち合わせている情報価値のあることがらを控え目に談話に切り出して伝達するのに、たいへん便利な慣用表現である。ところが、いつも相手に文字通りに伝達価値があることをつなぐとはかぎらない。この意味特性を逆手にとって活用し、話し手が相手に対して気兼ねをし、配慮しているものと思い込ませる場合がある。(23) の例では、And for what it's worth, you're not a suspect（それとご参考までにお伝えしますが、あなたは容疑者じゃありませんよ）と刑事が相手にうその情報を告げ、容疑者である相手を泳がすために for what it's worth が用いられている。

(23) "Please call me if you think of anything else."　"I will."　"And for what it's worth, you're not a suspect," Kinney said kindly, though it was not entirely true.　She would be investigated very thoroughly indeed. (S. Woods, *Capital Crimes*)

4.3.　相手の発話を補完してつなぐ

文を完結させるのは話し手だけであるとはかぎらない。話し手が言いよど

んだときに、聞き手の手助けによって未完結の部分に情報をつないで補完してもらい発話を完結することがある。Biber et al. (1999) が挙げる (24) の会話例が示すように、話し手 B は話し手 A の発話の未完結な部分に情報を補完してつないで文を完結している。

(24)　Speaker A: I played, I played against erm
　　　Speaker B: Southend.　(BrE)　　　　(Biber et al. 1999: 1063)

(25) は映画 *Titanic* の台詞であるが、電話中に相手の名前を失念した話し手が同僚から小声で名前を教えてもらい、発話を完結させていることがわかる。

(25)　Brock Lovett:　This is Brock Lovett.　How can I help you, Mrs
　　　　　　　　　...?
　　　Bobby Buell:　Calvert. Rose Calvert.
　　　Brock Lovett:　Mrs. Calvert?　　　　(映画の台詞：*Titanic*, 1997)

しかし、相手の発話に補完して情報をつなぐことが常に成功するというわけではない。(26) の例では、自分の発話を誤った情報で相手に補完された話し手が No, that's not what I was going to say. と打ち消し、その後で未完結の部分に自ら情報をつないで補修し、文を完結している。

(26)　"So, I realize you haven't had it easy, that there are probably rea-
　　　sons why you —"　"Why I killed Audrey Perkins!"　"No, that's
　　　not what I was going to say.　I was going to say that there are
　　　probably reasons why you've got such a big chip on your shoul-
　　　der."　　　　　　　　　　　　　(B. Barton, *Dangerous Deception*)

5.　場面や文脈情報と関連づけて文をつなぐ
5.1.　静寂の「間」をことばにしてつなぐ："A silence.... Another silence."
　文と文の間には「間」があり、その静寂の「間」がことばにして書き表されることがある。(27a), (27b) では、話し手が自分の発話に対して聞き手の応答を期待、予測しているような場面が描写されている。

(27) a. I awoke to Patience's voice arguing. Whoever she was arguing with wasn't answering much, and wasn't giving in. "It's ridiculous. What are you afraid I'll do?" <u>A silence.</u> "I've known him since he was a child." <u>Another silence.</u>

(R. Hobb, *Royal Assassin*)

b. "Is someone there?" Her call was louder. <u>Silence was her answer.</u> <u>No whispers.</u> <u>No creaks.</u> Then the shutters started to bang again. (C. Eden, *Fear for Me*)

(27a) では、問いかけや情報提示に対して相手が言い返さない静寂の間が A silence、Another silence. と表されている。(27b) では、Is someone there? という呼びかけに Silence was her answer. No whispers. No creaks. とつなぎ、静寂が言語化されることで状況が生き生きと描写されている。なお、(27b) の No whispers. No creaks. の否定辞 no は、ささやき声や、床がきしむ音が当然聞こえるであろうと耳を澄ませた話し手の期待が裏切られて、実際には何も聞こえないという意識の現れである。ところで、「間」は他にどのような手段で表出されるのであろう。例えば、文と文を区切りをつけてつなぐ句読法 (punctuation) の違いによって、異なる意味解釈が派生する場合がある。Patt (2013) によれば、(28a) はセミコロンによって、(28b) はコンマによって文と文とがつながれているが、それぞれは異なる解釈を受けるという。

(28) a. Order your furniture on Monday; take it home on Tuesday.
b. Order your furniture on Monday, take it home on Tuesday.

((28a), (28b): Patt 2013: 5)

Patt (2013) は、セミコロンは「自己完結性 (self-containedness)」を合図するために互いの文の独立性は高いが、コンマは分離する効力が低いため互いの文の独立性は高くはないと分析する。その結果、(28a) のようにセミコロンでつながれる場合には Order your furniture on Monday と take it home on Tuesday は 2 つの連続する命令文として解釈される。それに対して、(28b) のようにコンマでつながれる場合には If you order your furniture on

Monday, then you can take it home on Tuesday. のような「条件−帰結」の解釈が得られると Patt (2013) は説明する。形式ばった書きことばで頻用されるセミコロンは日本語には存在しない句読法である。また、英語のコンマは日本語の読点と形式的に類似した記号ではあるが、その意味や機能は互いに異なる。

5.2. 突発的に知覚した状況を継起関係に基づいてつなぐ："the next thing"

　人間の意識の流れは一様ではなく、実にさまざまである。ぼんやりしていることもあれば、意識がなくなっているようなときもある。そのようなとき、我に返ると、私たちは突発的に外部の状況を知覚することになる。そうした状況を言語化するとなると、どのような表現形式をとることになるのであろう。突発的であるがゆえに、因果関係を述べることはできない。何かつなぐことばを探すとなると、せいぜい時間的隣接性を表す継起関係を伝える表現によって述べることになる。例えば、(29a), (29b) では、時間的隣接性を表す形容詞 next を伴う下線部の the next thing I knew や the next thing によって、先行文脈の場面と、知覚された状況とがつながれている。

(29)　a.　"We were steady going about our business.　The next thing I knew, I heard a guy hollering 'I've been hit,'" she said.

(*Chicago Tribune*, Oct. 8, 1992)

　　　b.　"I just remember going into hospital in the morning, and the next thing I woke up in intensive care three weeks later. [...]"

(*The Guardian*, Sept. 12, 2003)

(29a), (29b) の下線部 the next thing I knew や the next thing は、その直前までは意識が払われていなかったにもかかわらず、突発的に知覚された新たな状況を談話に導入している。本表現に関する詳細な説明は従来の記述文法書には見当たらない (cf. Quirk et al. 1985; Biber et al. 1999; Huddleston and Pullum 2002; Swan 2016[4])。また、多くの辞書では本表現はイディオムとして取り上げられてはいるものの、その本質が理解できるような説明は示されていないが、OID[2] は "the next thing (I knew) ..." という項を挙げ、端的にその特性を記述している。

(30) **the next thing (I knew) ... :** (informal) used when sb tells a story and wants to say that sth happened suddenly or unexpectedly: *I was just walking down the road and the next thing I knew someone was pointing a gun at my face.* (OID²)

つまり、the next thing はくだけた表現であり、予期せぬ事態の発生を伝える表現である、と説明している。特に OID² が、本表現の発話条件とも言える、先行文脈の存在を用例で示している点は評価できる。本表現の話し手は、当該の状況をひとまとまりのものとして認識しているのではなく、別個の状況が時間を隔てて接しているものとして認識している。そのため、本表現がつなぐ 2 つの状況は突発的、偶発的に結びついているものであり、その間には因果関係はない。意識がはっきりしていたときに知覚していた状況と、意識回復直後に知覚した状況とをつなぐには、時間的継起関係を述べるより他に手はない。そこで要請されて出てきた表現が、時間的隣接性を表す the next を伴う本表現であると考えられる。

5.3. 直前の発話内容を理由としてつなぐ：just because 節

　文をつなぐ表現の中には話しことば特有の表現がある。例えば、(31a)、(31b) のような Just because ... (it) doesn't mean 〜 がその例である。本表現は「… だからといって、〜というわけではない」といった意味を表し、あることがらを事実として認めても、特定の解釈や結論に至る理由としてはつながらないことを聞き手に伝達するのに用いられる。

(31) a. Dave Toschi: But I am a cop.　I can't prove this.
　　　Robert Graysmith: Just because you can't prove it, doesn't mean it's not true.　　　(映画の台詞：*Zodiac*, 2007)

　　b. Lainey rolled her eyes.　"I'm older than you, dork!"　I automatically shouted a comeback.　"Just because you're older doesn't mean you're smarter."　(S. Navarro, *Singlehanded*)

本表現は書きことばではなく話しことばで用いられるが、Swan (2016⁴) も含めて従来の研究では先行文脈とのつながり、つまり、発話の契機となる先行

情報との関連については十分に考察されてはいない。本表現は just because 節が文頭に現れ、先行文脈中の情報をその節内に「つなぐ」点に特徴がある。(31a), (31b) では相手の直前の発話内容が文頭の just because 節内につながれている。これらの例が示すように、Just because ... (it) doesn't mean 〜は先行する発話内容を契機として発話され、just because 節が先行文脈中の情報をその節内に「つなぐ」ことが確認できる。

6. おわりに

　本研究で取り上げた事象は限られたものであるが、接続現象に光を当てながら、英語話者の心の奥底に潜む独特の感性や発想の理解に迫ってきた。英語の文をつなぐ表現や構文は数多い。すでに国内外の先人たちによる語法文法研究や最近の大規模コーパスを活用した分析対象となり、さまざまな角度から解明が進んでいる事象も少なくはない。しかしながら、これまでまったく論じられてこなかった事象や、従来の文法書や辞書に記載されていても文脈や場面とのつながりが考慮されてこなかったために、不十分な分析にとどまってきた事象が多いこともまた事実である。「文をつなぐ」仕組みと「文をつながない」仕組みを通して英語ということばをあらためて見つめ直すと、英語話者の生き生きとした発想や複雑で繊細なもののとらえかたや人情の機微がことばに映し出されることがわかる。

参考文献

Biber, D., S. Johansson, G. Leech, S. Conrad and E. Finegan. 1999. *Longman Grammar of Spoken and Written English*. Harlow: Pearson.

Bolinger, D. 1977. *Meaning and Form*. London: Longman.（中右実（訳）. 1981.『意味と形』東京: こびあん書房.）

Huddleston, R. and G. K. Pullum. 2002. *The Cambridge Grammar of the English Language*. Cambridge: Cambridge University Press.

Isard, S. 1975. "Changing the Context." In E. L. Keenan ed., *Formal Semantics of Natural Language*, 287–296, Cambridge: Cambridge University Press.

Kamio, A.（神尾昭雄）and M. Thomas. 1999. "Some Referential Properties of English *It* and *That*." In A. Kamio（神尾昭雄）and K. Takami（高見健一）eds., *Function and Structure: In Honor of Susumu Kuno*, 289–315, Amsterdam and Philadelphia: John Benjamins.

中右実. 2013. 「非人称 it 構文：語法と文法の不可分な全体を構文に見る」『英語語法文法研究』第 20 号，5-34.

Otake, Y. (大竹芳夫) 2002. "Semantics and Functions of the *It Is That*-Construction and the Japanese *No Da*-Construction." *MIT Working Papers in Linguistics* 43, 143-157.

大竹芳夫. 2009. 『「(の) だ」に対応する英語の構文』東京: くろしお出版.

大竹芳夫. 2016. 『談話のことば 1　文をつなぐ』内田聖二・八木克正・安井泉 (編)(＜シリーズ＞英文法を解き明かす：現代英語の文法と語法　第 3 巻)，東京: 研究社.

大竹芳夫. 2018. 「It is just that 節構文に観察される発話休止と情報補完」西岡宣明・福田稔・松瀬憲司・長谷信夫・緒方隆文・橋本美喜男 (編)『ことばを編む』170-178. 東京: 開拓社.

Patt, S. 2013. *Punctuation as a Means of Medium-Dependent Presentation Structure in English: Exploring the Guide Functions of Punctuation*. Tübingen: Narr Francke Attempto Verlag.

Quirk, R., S. Greenbaum, G. Leech and J. Svartvik. 1985. *A Comprehensive Grammar of the English Language*. London: Longman.

Radden, G. and R. Dirven. 2007. *Cognitive English Grammar*. Amsterdam and Philadelphia: John Benjamins.

Swan, M. 2016. *Practical English Usage*. 4th edition. Oxford: Oxford University Press.

Wolter, L. K. 2006. *That's That: The Semantics and Pragmatics of Demonstrative Noun Phrases*. Doctoral Dissertation, Santa Cruz: University of California.

辞書

Collins COBUILD Advanced Dictionary of English. 7th edition. 2009. Boston, MA: Heinle Cengage Learning. [CCADE[7]]

Oxford IDIOMS Dictionary for Learners of English. 2nd edition. 2001 Oxford: Oxford University Press. [OID[2]]

（新潟大学）

otakeyo@gmail.com

シンポジウム

談話標識がつなぐもの[*]

松 尾 文 子

1. 談話標識とは

談話標識は、「聞き手が発話を正しく理解できるように話し手の発話意図を合図する」というコミュニケーション上の役割を担う。その合図には用いられる文脈に応じて、談話の構成に関わるもの、情報の授受に関わるもの、話し手の態度や感情を表明するもの、対人関係に関わるものがある。

① 談話構成機能：話し手が談話をどのように組み立てていくのかを合図する。
and, moreover（付加）、actually, in fact（強化）、but, actually（逆接・譲歩）、so, then（論理的・推論的結果）、now, by the way（話題転換）、anyway, so（話題回帰）、etc.

② 情報授受・交換機能：話し手が情報を受け取ったことや、情報を聞き手と共有したいかなどを合図する。
oh（興味深く重要な情報を受け取った）、actually（予想外の情報を伝える）、you know（情報の共有を望む）、etc.

③ 態度・感情表明機能：話し手がこれからどのようなスタンスで陳述するのかを合図する。
frankly（発話態度）、actually（驚き）、well（ためらい）、etc.

④ 対人関係調整機能：会話を円滑に進めるために、話し手と聞き手の人間関係を調整する。

---

* 本稿は 2017 年 10 月 21 日、専修大学で開催された英語語法文法学会第 25 回大会シンポジウム「英語の文をつなぐ接続現象」において、同タイトルで口頭発表したものを加筆修正した論考である。

actually, well, etc.

　1つの談話標識が同時に複数の機能を担うこともある。たとえば、actually
は先行発話から予想されることとは異なる内容を述べることを合図する逆接
機能を持つ。同時に、これから聞き手にとっては予想外の内容（多くの場合
は望ましくないこと）を述べることをあらかじめ合図して、聞き手のショッ
クを和らげて配慮を示す一種の丁寧表現となる対人関係調整機能を担うこと
がある。談話標識がなくても伝えられるメッセージの「意味」に影響はほとん
どないが、コミュニケーションを円滑に進めるためには必要不可欠な要素で
ある。

　また、談話標識は、いわゆる品詞的（統語的）なカテゴリーではなく、一段
高次的な機能カテゴリーである。談話標識に含まれる言語表現は、接続詞、
副詞、前置詞句、間投詞のほかに、you know や I mean などのレキシカルフ
レイズもある。

　談話標識の機能の確定に際しては、文脈を読み取る必要があり、文脈をど
う読み取るかには文脈の解釈が関わってくる。文脈の解釈には個人による揺
れが生じる可能性がある。さらに、どのような表現を談話標識に含めるか、
また、機能分類のやり方などに関してさまざまな見解があるが、本論考の
テーマではないので、詳細には論じない。[1]

2.　本発表の目的

　先に挙げた4つの機能の中で、1番目の談話構成機能を持つ談話標識の中
には、発話と発話をつなぐ機能を担うものがある。多くの場合、話し手みず
からの先行発話と後続発話をつないだり、別の話し手の発話を受けて談話標
識でつないで次の発話を続ける。しかし、談話標識がつなぐのは発話どうし
だけではない。ここでは談話標識が何をつなぐのかという観点から、実例を
挙げながら5つの興味深い現象を見ていく。

　具体的には、次の5つの現象である。

---

　[1]　談話標識の詳細、および談話標識記述の問題点に関しては、松尾・廣瀬（2014, 2015）、
松尾（2016）、松尾他（2015）を参照されたい。

① 相手の発話をつなぐ

② 発話の場面と発話をつなぐ

③ 談話標識単独で会話をつなぐ

④ 含意をつなぐ

⑤ 聞き手の注意をつなぐ

3. 相手の発話をつなぐ

談話標識が相手の発話と発話をつなぐことがある。通例、相手の発話を受けて談話標識を疑問形（発話時は上昇調）で用いる。どのような内容の情報を求めているかという談話の方向性を談話標識で示して、相手が発話をつなぐ手助けをする。多くの場合、相手はその談話標識を引き継いで発話を続ける。

相手が発話を躊躇したり言うべきことばに詰まっている場合は、談話標識によって発話を促して相手のことばを引き出すことができる。その一方で、相手の意向は斟酌せずに、話し手が自分の思う方向に会話を進めることもできる。

次例は、英国外務省一等書記官のJustinと製薬業界監視組織のあるメンバーの会話である。妻を何者かに殺されたJustinが真相を解明しようと動いているうちに、製薬会社とロシア政府の癒着などが明らかになってきた。監視組織のメンバーは事件に関わる重要な文書を手に入れ、それを友人の医師にファックスで送ろうとした。しかし、医師はファックスを持っていなかった。以下の用例において、文脈と談話標識の使われ方の理解を助けるために、筆者による日本語訳を記す。また、問題となる談話標識の日本語訳に該当する部分には下線を付す。

（1）　"What about e-mail?"

"She has no e-mail anymore.　Her computer had a cardiac arrest on the day after she attempted to publish her article, and it has not recovered."　She sat pink and stoical in her vexation.

"*And therefore*?" Justin prompted her.

"Therefore we have no document.　They stole it when they stole the computer and the files and the tapes. ..."

（「電子メールはどうなんだい？」「彼女、メールをもう使えないの
よ。記事を載せようとしたときにコンピュータが心臓麻痺を起こし
て、まだ回復してないのよ」彼女は怒りで顔を赤くしていたが、苛
立ちを抑えようとしていた。「で、だから？」ジャスティンは先を促
した。「だから文書はないのよ。彼らがコンピュータやファイルや
テープを盗んだときに、一緒に盗んでしまったの。…」）

(le Carré, *The Constant Gardener*)[2]

Justin は重要な文書の在りかを知りたくて仕方ない。監視組織のメンバーが
苛立ちを抑えようと話を一時中断した様子を見て、and で先行発話に新たな
情報を付け足すことを促し、さらに therefore でコンピュータが壊れた結果、
文書がどうなったか話すことを求めている。談話標識の使用によって話し手
が会話を先に進めようとしているが、そのことは動詞 prompt からうかが
える。

　次例は友人同士の会話で、Mickey はそのうちの 1 人の子どもである。

（2）　"How is life among the rug rats?" I said.

　　　"Mickey has discovered that if he doesn't eat I go crazy."

　　　"It's good to have a resourceful kid."

　　　"The little bastard won't eat anything but macaroni with butter on
　　　it."

　　　"*So*?"

　　　"So it's not balanced."

　　　（「子どもたちは元気？」と私は聞いた。「ミッキーは自分がちゃんと
　　　食べないと、私が怒るってことに気づいたの」「お利口な子どもが
　　　いていいわね」「あの子、バターをかけたマカロニしか食べないの
　　　よ」「それで？」「つまり栄養が偏るってことよ」）

(R. Parker, *Family Honor*)

ここでは、話し手は相手の発話の意図が分からないので、"So?" で何を言い
たいのかを確認している。

　2　以下、用例のイタリック体は筆者による。

談話標識がつなぐもの　　25

　次例は、宗教象徴学の専門家と科学者の女性の会話である。彼らが捜している啓示の道（the Path of Illumination）の存在を知らせる手掛かりが、ガリレオの『図表』（*Diagramma*）に記されているという。

（3）　"... Invisible to those who were not looking for it. And also invisible to those who didn't *understand* it." "*Meaning*?" "Meaning Galileo hid it well. ..."

　　　（「… 探そうとしていない者には見えないんだ。そして、理解できない者にもやはり見えない」「<u>どういうこと</u>？」「ガリレオがうまく隠したということさ。…」）　　　　　　　　　　　　　（D. Brown, *Angels & Demons*）

ここでは、科学者の女性は抽象的な物言いをする相手の真意がわからないので、「どういうこと？」と尋ねている。
　次例は、2人の弁護士の電話での会話である。話し手は横道に逸れた話題を本題に戻そうとしている。

（4）　"It's eight, Jerry, with one on the fast track, remember? Klopeck."
　　　"Right, right.　With that hot chick on the other side.　Frankly, I'd like to try that one just to stare at her legs all day."
　　　"*Anyway*."
　　　"Anyway, let's kick into high gear.　I'll call later this afternoon with a game plan. Lots of work to do, Wally, ..."

　　　（「（死亡例は）8件だよ、ジェリー。そのうち1件だけがスピード審理の対象になってる。忘れたのかい？クロペックだ」「そう、そうだったな。被告側に、セクシーな女弁護士がいた訴訟。正直言って、あの女の足を一日中眺めるためだけに、あの件を陪審審理にかけて欲しいぐらいだ」「<u>それはそうとして</u>」「それはそうとして、ギアを上げて先へ進もう。今日の午後遅くに電話で作戦計画を伝える。やるべき仕事が山ほどあるぞ、ウォーリー、…」）

　　　　　　　　　　　　　　　　　　　　　　　　（J. Grisham, *The Litigators*）

本題から外れた被告側の女弁護士のことを話し始めた相手に対して、話し手は話題転換を示すanywayを用いることで、話題を強引に本題に戻している。

このように、相手の発話を受けて談話標識を用いることによって、相手に次の発話を促すことができる。次の発話の内容の方向性は、談話標識によって示される。多くの場合、発話を促された話し手は相手の談話標識をそのまま引き継いで発話を続ける。また、(1)-(3)のように、しばしば談話標識を疑問形で用いることでそれに答えることを相手に求めて、結果的に発話の継続を促すことになる。

4. 発話の場面と発話をつなぐ

　談話標識がつなぐのは、具体的に言語化された発話だけではない。談話標識で発話の場面と発話をつなぐことがある。話し手は、発話の場面を受けて発言する。

　次例は、ある盗難事件のことで警官が Charlie を訪ねて来た場面である。彼の反応を見て、警官は次のように言う。

（5）　The policeman looked at Charlie and Charlie smiled back.
　　　 "*So* you know about the robbery?" queried the man.
　　　（警官がチャーリーを見つめると、チャーリーは微笑み返した。「さ
　　　 ては、盗難事件のことをご存知ですな？」と警官は尋ねた）

　　　　　　　　　　　　（B. Freemantle, *Clap Hands, Here Comes Charlie*）

Charlie の反応を見て、警官は彼が盗難事件のことを知っているという結論を導き出し、それを確認している。

　次の例を見よう。BBC のカメラマンの Macri が、サンピエトロ広場で枢機卿がむごたらしい姿で息絶えた様子を偶然撮影した。そのビデオテープを返せと兵士たちが迫ってきた場面である。

（6）　"Film," one snapped. "Now."
　　　 Macri recoiled, wrapping her arms protectively around her cam-
　　　 era.
　　　 "No chance." One of men pulled aside his jacket, revealing a
　　　 sidearm.
　　　 "*So* shoot me," Macri said, amazed by the boldness of her voice.

談話標識がつなぐもの　　27

（「テープをよこせ」1人が鋭い口調で言った。「早くしろ」マクリは
後ずさりして、カメラを守ろうと両腕で抱えた。「無理だな」もう1
人が上着の前を開いて携帯している武器を見せた。「だったら撃ち
なよ」とマクリは言って、自分の声の大胆さに驚いた）

(D. Brown, *Angels & Demons*)

Macri は、相手が銃をちらつかせたのを見て、それを根拠に相手が自分を撃
つつもりだと結論づけて、「撃て」と命令している。

　次に、but の例を挙げる。

（7）　Context:　Joel, on seeing his bike being taken by a stranger.
　　　　Joel:　*But* that's my bike!　　　　　　　　(Fraser 2009: 300)

ここでは、バイクが見知らぬ人に盗まれるのを見てその場面を受けて、Joel
は「でも、それは僕のバイクだよ！」と言っている。見知らぬ人がバイクを盗
めば、バイクはその人のものになってしまう。「しかし」、バイクは Joel のも
のだという逆接の意味が but によって示される。

　次例のように、談話標識が単独で用いられることもある。

（8）　Context:　John, seeing someone taking his bike.
　　　　John:　*But*!　　　　　　　　　　　　　　　　(ibid.)
（9）　Context:　John, upon suddenly encountering his girlfriend em-
　　　　　　　　bracing his best friend.
　　　　John:　*So*!　　　　　　　　　　　　　　　　(ibid.)

目撃した事態をもとに、たとえば (8) なら "That's my bike." (僕のバイクな
のに)、(9) なら "There has been a certain coldness in her." (それで、彼女
はこのところよそよそしかったんだ) のような話し手の意図を暗示すること
ができる。

　通例、談話標識は先行の発話と後続の発話をつなぐために用いられる。し
かし、ここで挙げた例のように、発話の場面が先行の発話の役割を果たし、
談話標識が当該の場面と後続の発話をつなぐことがある。

5. 談話標識単独で会話をつなぐ

　談話標識単独で1つのターンを形成して会話を続けることがある。談話標識以外に具体的な内容が示される発話をつながなくても、会話に携わる者が共通して持つ知識や発話場面があれば、それをもとに発話意図を伝えて会話を進めることができる。このことは、談話標識がコミュニケーションにおいて豊かな内容を持つ証左となる。

　次例は、道ならぬ恋に落ちた男女の会話である。2人は書店で偶然出会い互いのことが気になっていた。電車で再会して、その書店で会う約束をした。約束の書店に男性が先に到着して、女性が来るのを待っていた。遅れてやって来た女性は、彼の姿が見えた瞬間、遅れた言い訳をし始め、同時に彼はずっと待っていたことを話し始めた。

(10)　　"*Anyway.*"

　　　　"*So.*"

　　　　"Here we are."

　　　　"Yeah. *Well.*"

　　　　Customers were starting to look at them.　They both spoke at once then laughed their apologies at each other.

　　　　"What?" she asked.

　　　　"Well. No. What were you ...?"

　　　　"No, go ahead."

　　　　"*Oh.*"

　　　　"Yeah."

　　　　"*Well ...*"

　　　　"It's OK.　I was thinking the same thing."

（「<u>とにかく</u>」「<u>ということで</u>」「私たち、出会えたってことね」「うん。<u>それで</u>」客たちは2人を見始めた。2人同時に口を開き、そして互いのお詫びのことばを笑いあった。「どうしたの？」と彼女は尋ねた。「そのう。いや、君は…？」「いえ、続けて」「<u>ああ</u>」「そうね」「<u>あのう…</u>」「いいわよ。私も同じことを考えてたの」）

(K. Harper, Falling in Love)

ここでは、互いに相手の反応を探りつつ、また、何と言えばよいか考えを巡らせつつ、談話標識だけで会話をつないでいる。ことば数多く話すよりかえって、2人の心の揺れが表現されている。

　次例は、関係が破綻した夫婦の電話での会話である。家を飛び出した妻が、カーペットを取りに行ってもいいかと訊いてきた。話しているうちに言い争いになる。

(11)　　"Goddammit, Sarah—"
　　　　"Don't you curse at me, Macon Leary!"
　　　　They paused.
　　　　Macon said, "*Well*."
　　　　Sarah said, "*Well, anyhow*."
　　　　"So I guess you'll come by while I'm gone," he said.
　　　　"If that's all right."
　　　　"Yes, certainly," he said.
　　　　(「ゴタゴタ言うな、サラ—」「怒鳴らないでよ、メイコン・リアリ！」二人は黙った。やがてメイコンが「<u>え—、それで</u>」と言うと、サラは「<u>じゃぁ、とにかく</u>」と続けた。「きみは僕の留守中に（カーペットを取りに）来るってことだね」と彼は言った。「それでよければ」「ああ、もちろん構わないよ」と彼は答えた)
　　　　　　　　　　　　　　　　　　　(A. Tyler, *The Accidental Tourist*)

言い争いの末にやり取りが途絶えて、2人は黙る。それでも夫は会話を続けようと、言うべきことばを探して "Well." で会話を再開する。妻はそれを "Well," で受けて、さらに "anyhow." で会話を終わらせたいという意図を伝える。それに対して夫は、電話の本題であるカーペット問題の結論を述べて電話を切る。沈黙の後 "Well." を境に、一連の会話が終結へと進むことになる。

　談話標識単独でも文脈に照らし合わせれば話し手の意図を伝えることができることが、次例から分かる。[　]内には、当該の発話が含意する可能性のある内容が示されている。

(12)　A:　I'll have another piece of cake.

　　　　B:　*But*? [Who gave you permission?]　　　　(Fraser 2009: 300)

(13)　A:　We'll arrive late, I'm afraid.

　　　　B:　*So*? [What do you want me to do about it?]　　　　(ibid.)

Bの発話に対して、(12) ではAは、たとえば、"My mother permitted me to have another piece."（お母さんがもう一切れ食べていいって言ったんだよ）、(13) では "We'd like you to change our schedule."（予定を変更してほしいんだ）などと答えることが可能だと考えられる。このように、談話標識単独で話し手は発話の意図を伝え、聞き手はその意図を推測することができる。(8)(9) も参照されたい。

6.　含意をつなぐ（文末・ターン末の談話標識）

　この節では、文末・ターン末で談話標識が用いられて、当該の発話と含意、すなわち実際には発話されないが話し手が伝えたいことをつなぐ例を見る。though[3] や then はしばしば文末で用いられるが、ここでは通例文頭でしか用いられない so と but が文末・ターン末で用いられる現象を見る。

　いくつかの論文によると、従来はなかったこのような用法が話し言葉で見られるという。but の使用がスコットランド、オーストラリア、ニュージーランド、アメリカなどで見られ、ほかにアメリカでは or、so、and の例も見られるという。ただ、現段階では地域的な要因や話し手の社会階層や年齢、性別、非標準的な表現であるかなどの傾向は明らかではない。

　このような談話標識は final particle と呼ばれることがある。final particle には以下のような特徴が見られる。

① 　ターンの末尾に生じる談話標識で、聞き手に語用論的スタンスを推測するよう求める。　　　　(Mulder and Thompson 2008: 183, 185)

② 　ターン末で用いられる接続語で、書き言葉では用いられないが、日常会話ではターンを終了させるのに用いられる。しばしば典型的な final

---

[3] 　オーストラリア英語における final but の用法と文法化の過程は、though のそれと類似している (Mulder and Thompson 2008: 180)。

intonation を伴う。ほかの参与者は、そのターンを不完全だとは考えない。接続語で終わるターンは、相手が理解や同意の表現を続けるように仕向ける。 (Norrick 2009: 319)

③ 音調上の特徴としては、後ろにポーズを伴い、下降調、あるいは中間レベルを保つ。 (Haselow 2013: 394-395)

④ final particle を受けて、聞き手は話し手が伝えたい情報を補うことができる。 (Zwicky 2008)

⑤ 接続詞が final particle として用いられる動機

   a. final particle に後続する部分を発話しなくても、その内容は推測できると話し手は考えている。

   b. 話し手は、発話されていない部分の正しい解釈を聞き手にゆだねている。

   c. 話し手は聞き手に情報を求めている。この場合、接続詞は疑問形になることがある。 (Heine, Kaltenböck and Kuteva 2015: 116)

それでは、例を見よう。

(14)　A:　and this is a car you've got at the moment
　　　　　　yeah
　　　C:　it's my mum's car at the moment but I will be having it in July
　　　　　　so
　　　A:　right (.)
　　　　　　and you're a student
　　　　　　yeah
　　　C:　yeah (.) (Haselow 2013: 396-397)

この so は結論を示す機能を持ち、本来ならば結論が述べられるが、実際には提示されていない。その内容は会話の場面や背景知識から導き出せるが、たとえば "So [it's practically mine]." のような内容を聞き手は容易に推測できる。ここでは話し手 C の "so" を受けて A が "right" と応じているが、ほかに yes、yeah、that's right のような表現が用いられることがある。実際に発話されていなくても、so によって相手が言いたいことが推測できるからで

32　　　　　　『英語語法文法研究』第 25 号 (2018)

ある。

　次に、but の例を見る。Tim と Sean は、日帰りツアーで the Barrier Reef
にスキューバダイビングに出かけようと話している。

(15)　Tim;　　　They give you ... some sort of certificate,
　　　　　　　　I'm not—
　　→　　　　　I'm sûre it's not PADI: *but,*
　　　Sean;　　　Yeah.　　　(Mulder, Thompson and Williams 2009: 6)

ここでは、Sean は Tim の発話意図である「1 日スキューバダイビングをして
もらえる証明書は、PADI (Professional Association of Diving Instructors)
が認定するレベルの知識や技能を習得したことを証明するものではないだろ
うが、1 日ダイビングをしたことを証明するのには変わりない」と推測するこ
とが求められている。[4] so の場合と同様に、but を用いることで話し手は聞き
手に but の含意をどのように捉えたかを示す発話を促すことになり、yes、
yeah、aye のような同意を示す表現が用いられることが多い (Hancil
2015: 211-213)。

　このような用法は、談話標識を含む当該の発話と談話標識によって示され
る含意をつなぐということができる。'hanging' のままの話し手の意図が談話
標識を用いることでほのめかされているのである (Drake 2015: 315)。談話
標識以降をあえて言語化しないのは、話し手に何らかの意図があるからだ。
final（後置）という位置は、話し手の談話戦略に直接関連する (Hancil

---

[4]　Mulder and Thompson (2008) は、final *but* を Final 1 (final *but* with 'hanging
implication') と、Final 2 (final *but* particle, "fully-developed" final particle) の 2 つのタ
イプに分類している。Final 1 は (15) のようなもので、対比の含意は 'hanging' のまま
(implied) である。その含意は、相手の yeah、right などで承認されるか、含意を前提とし
たターンが続く。Final 2 はアメリカ英語には見られずオーストラリア英語で見られるとし、
but を含むターン内で but が持つ対比の情報が示されている (explicit)。
　　Diana has just made some strange noises.
　　Kylie:　You sounded funny @@ (H)
　　Diana:　I know
　　　　　　Sounded like an alright person *but.*　(Mulder and Thompson 2008: 191)
ここでは、Diana は 'I know' で Kylie に同意し、続けて funny な音を立てたけれど、それ
でも自分は alright person だと述べている。

2015: 210) ことから、話し手は相手に話をつないでほしい（話者交替をして
ほしい）、自分のターン（話す順番）を終了させたい、具体的にことばにはし
ないが察してほしい、などの談話上の策略を持っていると考えられる。日本
語では、「シンポジウムの準備をしないといけない<u>から</u>」「シンポジウムの準
備をしないといけない<u>けど</u>」のように、あえて接続詞で文を終えて、言いた
いことを相手に推測させる例は珍しくないが、今後、英語でもこのような現
象が拡大していくのだろうか。

7. 聞き手の注意をつなぐ

　会話を開始するときに、聞き手の注意を直後の発話に向けさせるために、
談話標識が用いられる。談話標識で聞き手の注意をこれから始まる発話につ
なぐことになる。

　次例は、骨董品店で客が品物を眺めていると、店員がスポーツの記録の
載った古い本を取り出して話しかける場面である。

(16) CLARK: *Now* this has an interesting feature.　It has a dust jacket.
　　　　　　Books used to have these to protect the covers.
　　　　　　（<u>ところで</u>、これには面白い特徴があるんですよ。埃除けのカバー
　　　　　　がついています。以前は、本には表紙を保護するためにこういうも
　　　　　　のがあったのです）　　　　　(*Back to the Future II* [映画台本])

ここでは会話の切り出しでnowを用いることで、相手の注意を後続の発話に
集中させている。

　次例は、ある夫婦が自家用車に乗っている場面である。バーで酔いつぶれ
た夫を、妻がオフィスまで迎えに来た。運転し始めてしばらく2人は沈黙し
ていた。

(17) For five minutes nothing was said.　Then Helen casually began,
　　　"*Look*, I think I have most of the major plot points, but just a
　　　few details might help. Where was the bar?"
　　　（5分間はどちらも黙っていた。ついにヘレンが、ふだんどおりの口
　　　調で話し始めた。「<u>あのね</u>、事情のおおまかなことはほぼ分かった

と思うの。でも、ほんの2，3詳しい話を聞かせてもらえたらうれしいわ。そのバーはどこにあるの？」）

(J. Grisham, *The Litigators*)

ここでは、これから重要なことを話すという合図となる look を用いることで、相手の注意を後続の発話に注目させている。

　このように、突然話を始めるより、談話標識で聞き手の注意を促した方が、これから伝えたい情報があるという意図が明確に伝わって会話を円滑に進めることができる。

8.　おわりに

　「つなぐ」という機能の観点から談話標識の用いられ方を観察すると、談話標識は単に発話と発話をつなぐだけではないことが分かる。談話標識で実際に言語化されていない発話の場面と発話をつなぐことがある。また、談話標識で後続させるべき発話内容の方向性を示して相手に発言を促すことによって、話し手が相手と駆け引きをしながら会話の流れを作ることがある。ときには言いたいことを談話標識に託して、あえて全てを口に出さずにおくといった現象が見られる。さらに、これから発することばに注目させるために、談話標識によって相手の注意をつなぎとめることもある。

　本発表で示した例をとおして、実際に言語化された発話以外に、談話標識がさまざまなものをつないで、会話をまとまりのあるものとして成立させることが分かった。そのつなぎ方には、話し手の意図や心持ちが反映され、それがゆえに、会話において談話標識は重要な役割を担っているということができる。

参考文献

Drake, V. 2015. "Indexing Uncertainty: The Case of Turn-Final *Or*." *Research on Language and Social Interaction* 48 (3), 301-318.

Fraser, B. 2009. "An Account of Discourse Markers." *International Review of Pragmatics* 1, 293-320.

Hancil, S. 2015. "Grammaticalization of final *but*: from conjunction to final particle." *Final Particles*. ed. by Hancil, S., A.Haselow and M. Post. 197-217.

Berlin/Boston: De Gruyter Mouton.

Hancil, S., M. Post and A. Haselow. 2015. "Introduction: Final Particles from a typological perspective." *Final Particles*. ed. by Hancil, S., A. Haselow and M. Post. 3–35. Berlin/Boston: De Gruyter Mouton.

Haselow, A. 2013. "Arguing for a wide conception of grammar: The case of final particles in spoken discourse." *Folia Linguistica* 47/2, 375–424.

Heine, B., G. Kaltenböck and T. Kuteva. 2015. "Some observation on the evolution of final particles." *Final Particles*. ed. by Hancil, S., M. Post and A. Haselow, 111–139. Berlin/Boston: De Gruyter Mouton.

松尾文子・廣瀬浩三．2014．「英語談話標識の諸相（1）──英語談話標識研究の変遷──」『梅光言語文化研究』5, 1–38. 梅光学院大学言語文化学会.

松尾文子・廣瀬浩三．2015．「英語談話標識の諸相（2）──談話標識についての基本的考え方と分析の観点──」『梅光言語文化研究』6, 1–51. 梅光学院大学言語文化学会.

松尾文子．2016．「『英語談話標識用法辞典　43 の基本ディスコース・マーカー』をめぐって──談話標識をどう記述するか」『梅光言語文化研究』7, 1–18. 梅光学院大学言語文化学会.

松尾文子・廣瀬浩三・西川眞由美．2015．『英語談話標識辞典　43 の基本ディスコース・マーカー』東京: 研究社.

Mulder, J. and S. A. Thompson. 2008. "The grammaticization of *but* as a final particle in English conversation." *Crosslinguistic Studies of Clause Combining: The multifunctionality of conjunctions*. ed. by Laury, R. 179–204. Amsterdam/Philadelphia: John Benjamins.

Mulder, J., S. A. Thompson and C. P. Williams. 2009. "Final *but* in Australian English Converssation." *Comparative Studies in Australian and New Zealand English: Grammar and Beyond*. ed. by Peters, P., P. Collins and A. Smith. 1–20. Amsterdam/Philadelphia: John Benjamins.

Norrick, N. R. 2009. "Conjunctions in final position in everyday talk." *Language in Life, and a Life in Language: Jacob Mey—A Festschrift*. ed. by Fraser, B. and K. Turner. 319–328. Bingley: Emerald Group Publishing.

Zwicky, A. May 3, 2008. *Language Log ≫ Final conjunctions*. (http://languagelog.ldc.upenn.edu/nll/?p=119　2017 年 5 月 8 日アクセス)

(札幌保健医療大学)

fmatsuo@sapporo-hokeniryou-u.ac.jp

シンポジウム

話し手の「心」を伝える文のつなぎ方

安　井　　泉

1.　はじめに

　談話を構成するありとあらゆる文は互いに自然な形でつながろうとしている。そこには磁力があり互いに引き合っているかのようである。話し手はあらゆる手法を総動員して磁場をつくり出し、ことばの接続をダイナミックにつくり上げていく。文をつなぐのは接続詞だけではない。文と文との緊張関係をつくり出すさまざまな手法は、現在時制と過去時制の切り替え、譲歩、否定、否定疑問文、no の使用、at first、try to do などの使用、メタファーの連続使用など百花繚乱のごとくである。さらに言えば、not to change the subject と言って話題を変える気はないとわざわざことわりながら話題を変えてしまう、一見不思議な現象も手法の一つである。特定の構文を繰り返し、ことばのみを入れ替える手法も対比を浮き立たせる談話構成上の仕組みである。

　一方、文のつなぎを断ち切り、話題を変えたいときにわれわれは何をしているのか。ルイス・キャロル（Lewis Carroll）の『不思議の国のアリス』（*Alice's Adventures in Wonderland*）には、不思議の国の住人が話題を打ち切る手立てを講じてしまう場面が多々ある。これは、アリスが不思議の国で疎外感を味わう理由の一つになっている。われわれは、日常会話では想像以上に相手の答えを予期して問答をしているので、その予測が裏切られると敏感に反応する。ことばは何かを伝えるために使用されるが、逆にことばは何かを隠すためにも使われる。この真逆の視点も、この話題を論ずるときには重要になる。

2. 文と文との緊張関係をつくり出すさまざまな手法

　文は一文だけでは完結していない。文の磁場が周りの文に影響を残している。文と文との緊張関係をつくり出す「百花繚乱のごとく」と述べたさまざまな手法は、大きく二つにわけることができる。一つは接続詞・接続表現、代名詞を用いて文をつなぐ明示的にそれとわかる手法であり、Overt と呼ぶことのできるものであり。もう一つは、これに対して、Covert と呼んでよいものであり、明示的な接続詞・接続表現なしに文と文との緊張関係をつくり上げる手法である。Overt な手法をまず取り上げ、その後で Covert な手法を取り上げて論ずることにする。

2.1. 談話の進む方向を決める特定の語彙――交通整理をすることば

1) 文修飾の副詞――談話の流れを話し手の考えに引き寄せる

　話し手がこれからどのような側面についてあるいはどのような視点から話をしようとしているかを明示する文修飾の副詞（＝文全体を修飾する副詞）がある。たとえば、mentally（心理面［精神面］について言えば）、naturally（もちろん／当然のことながら：相手の言ったことが当然予想されることであるということを示す）、oddly enough（奇妙であるようにも思われるが）、officially（公式的に言えば：表向きはそういうことになっていますが、実際はどうか分かりません）、plainly（話し手が自分の見聞に基づき判断を述べる）、racially（民族という点からすれば：人種・民族という側面について言えば）、in retrospect（（振り返ってみると／回顧してみると：自分の言っていることに対する話し手の態度を明らかにする）、scientifically（科学的見地からすれば）、seemingly（それなりの状況証拠はあるが、断定を避ける）、significantly（有意義なことに：後続する文の内容に対する話し手の価値判断を表す）、socially（社会的見地からすれば）、spiritually（精神的な側面について言えば）、statistically（統計上）、technically（技術的には）、technologically（科学技術という観点からすれば／観点に立てば）、theoretically（［技術的にはわからないが］理論という側面について言えば）、undeniably（もちろん・言うまでもなく）、understandingly（無理からぬことだが）、undoubtedly（疑いなく）、seriously though ［now seriously］（「ところで冗談はさておくとして：冗談はここまで。これから真剣な話をします」という前置き）な

ど（安井稔・久保田 2017）。これらの文修飾の副詞は、発話にある種の色づけをする機能を果たしており、談話にフィルターをかけてことばをつなぐ機能を果たしているものである。

　以下、文修飾の副詞以外の例をいくつかみることにする。

2）as for ... ／ as to ...（〜に関して言えば）

　as for ... と speaking of ... とは、いずれも、人・物・事に関し、新しく話題を導入する場合に用いられる表現であり、通例、文頭で用いられる。一方、as to ... は、同じく話題導入の際に用いられるが、as for ... ／ speaking of ... と異なり、すでに話題となっている数種の事柄の中から一つを選びだすという際に用いられることが多い。約言すれば、as for ... はあらたに話を始める場合、as to ... は話をつないでゆく場合に用いられるとしてよい。ただし、as for ... は、過例、否定的な評価が与えられる話題を持ち出す場合に用いられる（Rodman 1974, 安井稔・久保田 2017: 22）。as for ... ／ speaking of ... は、as for ... にある否定的な評価を別にすれば、何か新しく話題として持ち出す際に用いられる左方転移（Left Dislocation）（Rodman 1974）と同じ談話上の機能を有している。

（1）　What can you tell me about John? ―
　　　［左方転移］　Nothing. But Bill, Mary kissed him.
　　　　　　　　　　（Bill という新しい話題を導入）
　　　［話題化］　　Nothing. *But Bill Mary kissed.

これに対して、as to ... は、談話においてすでに話題となっているいくつかの要素の中から一つを選ぶ話題化（Topicalization）（Rodman 1974）と同じ談話上の機能を有している、と言うことができよう。

（2）　What can you tell me about John?
　　　［話題化］　　　John Mary kissed.
　　　［左方転移］　*John, Mary kissed him.

3）譲歩

　譲歩は、話し手が「たしかに…」と聞き手に共感している旨をあらかじめ述べておき、自分の考えは、実はあなたとは違うと聞き手に切り込んでいく手法である。相手を立てる気はないにもかかわらず、立てるように見せかけて強引に自分の考えを推し進める、会議などでよく耳にする手法と軌を一にする。もっと言えば、譲歩は聞き手を自分のペースに引き込むための「枕詞」となっている表現である。それに気づいた聞き手の方は、but を予測して読むことになる。譲歩のように文の後半で逆転する表現には次のような例がある。

（3）　a.　apparently, ... but ...（一見したところ…のように見えますが、実際は…）、It is true that ... but ...（確かに…ではありますが…しかし）、He tried to do it, but ...（そうしようと努力は惜しまなかったのですが、しかし、（うまくいきませんでした））[tried to do は、最終的に成功したと述べられていなければ、ほぼ九割方、努力したけれどうまくいかなかった時に用いる表現]

　　　　b.　at first（当初は＝後になって変わったことを意味する：At first she demurred, but then finally agreed.（当初は彼女は異議を唱えていたが、最後には承知した）、I didn't like carrots at first.（初めのうちはニンジンは好きじゃなかった）

（安井稔・久保田 2017: 25, 113）

　　　　c.　＜A＞, in fact, ＜B＞ in fact（もっと言えば）。in fact は、文のつながりからすれば、譲歩表現に続く but に相当する機能を果たすと言ってよい。＜A＞にみる隔靴掻痒のもの言いをここでやめ、ここからは単刀直入に言いますという「スイッチのような表現」であり、大事なのは＜A＞でなく＜B＞であることを合図する表現。

　　　　d.　at any rate（いずれにしても、とにかく）：Well, at any rate, I'll do nothing until I hear from you.（いずれにしても、君から連絡があるまで何もしないでおくことにしよう）[これまで述べ

てきたことは、むしろ、どうでもよく、これから述べることが
大事であるということを合図する表現。文頭にも文末にも置く
ことができる］　　　　　　　　　　（安井稔・久保田 2017: 334）

e. with all respect for ...（〜に対する尊敬の念を惜しむものでは
ないが）: With all respect for your great learning, I still think
you are mistaken.（あなたの偉大な学識に対する尊敬の念を惜
しむものではありませんが、あなたはやはり間違っていると思
います）［▶相手に反論するときの表現］

（安井稔・久保田 2017: 344）

2.2. 対比によって文をつなぐ

1) 真理と出来事

　Sir James Barrie の *Peter Pan* (1911) の冒頭のパラグラフは、次のように
なっている。

（4）　All children, except one, grow up.　They soon know that they will
　　　grow up, and the way Wendy knew was this.　One day when she
　　　was two years old she was playing in a garden, and she plucked
　　　another flower and ran with it to her mother.　I suppose she
　　　must have looked rather delightful, for Mrs Darling put her hand
　　　to her heart and cried, 'Oh, why can't you remain like this for
　　　ever!'　This was all that passed between them on the subject, but
　　　henceforth Wendy knew that she must grow up.　You always
　　　know after you are two. Two is the beginning of the end.

（*Peter Pan* Chapter 1）

物語は、「すべての子どもは、たった一人を除いて、大人になるものです。子
どもたちは自分たちが大人になることをすぐに知るようになります」と真理
を表す現在時制で始まる。ついで、ウィンディーの場合はこうでしたと、過
去時制の使用によって、読者は物語の中に一気に引きずり込まれていく。パ
ラグラフの最後では、「あなた方子どもはあなたが 2 歳をすぎると大人にな
ることを知るようになるのです。2 歳という年齢は、大人になることを知る

始めなのです」とまた真理を表す現在時制が使用される。現在時制で表される真理にサンドイッチにされ、現在時制と過去時制の鮮やかな対比に支えられて、*Peter Pan* の物語は語りはじめられる（安井 2013）。

2) alone と lonely

類義語の対比される部分を顕在化させて文をつなぐ手法がある。例えば、alone と lonely の対比の例をみることにする。次の (5) の *OALD* の定義にみるように、alone は物理的な事実の描写であるのに対して、lonely は心情の描写であり、それが対比となっている。

（5）　alone: without any other people　　　　　　　　　　（*OALD*）
　　　　lonely: unhappy because you have no friends or people to talk
　　　　　　to; (of a situation or period of time) sad and spent alone
　　　　　　　　　　　　　　　　　　　　　　　　　　　　（*OALD*）

『不思議の国のアリス』から、同じ頁の数行離れている中で alone と lonely が対比されて用いられている見事な例を引いてみることにしよう。(6) は周りにいた鳥たちがみんな居なくなってしまって、文字通り一人になったという場面。これに対して、(7) は飼い猫のダイナの話などしなければこんなことにはならなかったとひとしきり反省の後、精神的にさびしくてたまらないという場面である。

（6）　On various pretexts they all moved off, and Alice was soon left
　　　　alone.
　　　　[物理的に一人になった]（なんだかんだと口実をつけて、みんな
　　　　行ってしまいました。アリスはすぐに一人ぼっちになってしまいま
　　　　した）　　　　　　　　　　　　　　　　　　　　（*Alice*, 72-73）
（7）　"I wish I hadn't mentioned Dinah!" she said to herself in a mel-
　　　　ancholy tone.　"Nobody seems to like her, down here, and I'm
　　　　sure she's the best cat in the world!　Oh, my dear Dinah!　I
　　　　wonder if I shall ever see you any more!"　And here poor Alice
　　　　began to cry again, for she felt very lonely and low-spirited.

[精神的にさびしい]（「あーあ、ダイナのことなんか言うんじゃなかったわ！」とアリスは悲しそうに言いました。「ここでは、ダイナを好きな人はだれもいないみたい。ダイナは世界一すてきなネコなのに！ ああ、わたしのダイナ！ もうダイナに会うことはできないのかしら！」かわいそうにアリスはまた泣きはじめました。アリスはすごくさびしくなって、しょんぼりしてしまったからです）

(*Alice*, 72-73)

都会の群衆のなかにいるときのほうが孤独を感じる loneliness in the crowd という表現があるように、lonely に感ずるのは物理的に alone である時ばかりとは限らない。(8) では多くの人が周りに居るのに alone と言っているように思われる例であるが、その心理的側面は feel alone の feel が負っていると考えられるべきものである。

（8） but there are four thousand million humans on this earth and yet I still feel <u>alone</u>.
（しかし、この地球上には 40 億人もの人が住んでいるというのに、それでもなお私は一人ぼっちでいる感じがするんだ）

(映画 *Creator* 1985)

3) 同じ構文でことばの入れ替え

文のつなぎ方には、同じ構文を並べて単語を入れ替えるという手法がある。英語は同じ単語を繰り返すことは嫌うが、同じ構文を並べて使用することは好むという特徴を持っている。(9) は a cat と a comma の違いを has ... at the end of its ... という同じ構文を繰り返しながら、単語を入れ替えることによって表している。(10) は astrology（占星術）と astronomy（天文学）の違いを explain の主語と目的語を入れ替えることによって見事に表現している。英語はこういう対比を極めて好む言語である。

（9） What is the difference between a cat and a comma? — A cat <u>has its claws at the end of its paws</u> and a comma <u>has its pause at the end of its clause</u>.

(10) What is the difference between astrology and astronomy? — Whether <u>the stars explain man</u> or <u>man explains the stars</u>.

(11) は『不思議の国のアリス』からの例である。メパチサカナ召使いが女王さまからのクロッケーの招待状をメダマカエル召使いに手渡す場面である。手渡す口上と受け取る口上は「ことばの順番を少し変えただけで」と述べられているように for と from の入れ替えと the Queen と the Duchess の入れ替えによって形づくられている。(9)-(10) と同様の手法である。

(11) The Fish-Footman began by producing from under his arm a great letter, nearly as large as himself, and this he handed over to the other, saying, in a solemn tone, "<u>For</u> the <u>Duchess</u>. An invitation <u>from the Queen</u> to play croquet." The Frog-Footman repeated, in the same solemn tone, only changing the order of the words a little, "<u>From the Queen</u>. An invitation <u>for the Duchess</u> to play croquet."
（メパチサカナ召使いが腕の下から大きな手紙を取り出しました。自分自身のからだと同じくらいの大きさの大きな手紙です。その手紙を相手に手渡しながら、「公爵夫人へ。女王さまより、クロッケー大会へのご招待でございます」と、うやうやしく口上を述べました。メダマカエル召使いは「女王さまより。公爵夫人へ、クロッケー大会へのご招待でございますね」と、ことばの順番を少し変えただけで、これまたうやうやしく口上を述べます） (*Alice*, 130)

同じ構文を使う理由は、対比箇所を浮き立たせるためである。これは、I ordered peaches, and Tom ordered cream, and Bill ordered apples. から重複部分を省略して I ordered peaches, Tome cream and Bill apples. とする空所化 (Gapping) と同じ機能を果たしていると考えることができる。空所化は、繰り返されている同じ語を消すのが目的ではなく、実は、残されたものを際立たせるのが目的である。同じ構文の繰り返しも、この空所化同様で、同じ構文を使用するのが目的ではなく、同じ構文を使用することによって、構文ではなく、対比される語を際立たせるのが目的の手法なのである。談話

の中で対比に照準を合わせるための的確な手法として使用されるのである。

2.3. 否定

否定の使用には、その背後に肯定の文脈（あるいは前提）が存在している。逆に言えば、その背後に肯定の文脈が存在しない場合には否定を用いることはできない。否定文には、肯定の文脈を否定する意図がある。

1) not

二十歳の誕生日の祝いの席で、お祝いの乾杯をしたときの様子が描写されている小説の一節を見ることにする。お祝いのことばに続けて may there be nothing to cast dark shadows on it（なにものもそこに暗い影を落とすことのないように）などということばを続けることは、まずしないものである。にもかかわらず、may there be nothing to cast dark shadows on it とわざわざ口にするからには、dark shadow ということばが暗示するような嫌な予感を抱いていたからであろう。そうでもなければ、かけがえのないこの日に、わざわざ「暗い影を落とすことのないように」などと祈願することなどないはずである。

(12) "Happy birthday," he said. "May you live a rich and fruitful life, and <u>may there be nothing to cast dark shadows on it</u>."
They clinked glasses.
May there be nothing to cast dark shadows on it: she silently repeated his remark to herself. Why had he chosen such unusual words for her birthday toast?
"Your twentieth birthday comes only once in a lifetime, miss. It's an irreplaceable day."
(NHK テキスト『NHK ラジオ　英語で読む村上春樹──世界の中の日本文学 「バースデイ・ガール」』2017 年 2 月号　p. 8　Jay Rubin 訳)

否定文は肯定の文脈があってはじめて的確に使用される文であることをあらためて見つめ直す必要があろう。

2) no

no は「あるかと思っていたら予想に反してなかった」「そうかと思っていたらそうではなかった」のように、一定の予測をいだいている場合に限って使用される表現である。(13a) は「選択肢が何かあるだろうと思っていたが、何もなかった」の意味であり、(13b) は「病人が少しでも快方に向かっているかと思っていたら病状に何も変化はなかった」の意味になる。

(13)　a.　You have <u>no</u> choice.
　　　 b.　The sick man is <u>no</u> better

『不思議の国のアリス』にも no を用いた例はいくつも出てくる。(14) は冒頭の有名な箇所である。7歳のアリスはお姉さんと川辺に居る。お姉さんが読んでいる本をのぞき込んでみるが、そこには絵も会話もないというくだりである。会話がないというのは物語の本ではないということであろう。アリスは「『不思議の国のアリス』の本のように挿絵や会話があるかと思ってのぞき込んでみるが、予想に反してそういうものではなかった」ということで、お姉さんの本にがっかりすることになる。

(14)　ALICE was beginning to get very tired of sitting by her sister on the bank, and of having nothing to do: once or twice she had peeped into the book her sister was reading, but it had <u>no pictures or conversations in it</u>, "and what is the use of a book," thought Alice, "without pictures or conversations?"
　　　 （アリスはもう退屈でたまらなくなっていました。さっきからずっと、川辺で、なんにもすることがないまま、お姉さんの隣にただただ座っているだけなのです。一度か二度、お姉さんが読んでいる本をちらちらのぞいてみましたが、その本には、絵もなければ、だれかとだれかがおしゃべりしているところもありません。「いったいなんの役に立つの。絵もおしゃべりもない本なんて」とアリスは思いました）　　　　　　　　　　　　　　　　　　　　　　(*Alice,* 12-13)

(15) はドードー鳥が自分が提案するコーカスレースの説明をしているところである。競走は「用意ドン」で始まるものかと思っていたら、このレースに

はそれがないという意味で no が使用されている。

(15)　There was no "One, two, three, and away!"
　　　（「よーいドン！」の合図で始まるわけではなく）　　　　(*Alice*, 62)

no が予想が裏切られたときに使用されるのは（16）においても当てはまる。
(16) は、「（立派な）学者かと思っていたらとんでもない学者だ」という意味
である。学者にもピンからキリまであり、この scholar は程度を表す段階的
意味をもつ語 (degree words) のように使用されている。

(16)　He is no scholar.

(17) も同様であり、「少し考えてから次の行動を起こすのかと思っていたら、
直ちに行動を起こした」という意味であり、no sooner ... than は as soon as
の意味に加え、驚きを示す談話の流れで用いられる。

(17)　He had no sooner seen it than he started back home.
　　　（それを見るやいなや、彼は家路を急いだ）

（安井稔・久保田 2017: 432）

数字と共に用いられる no more than ...、no less than なども、(18) にみ
るように、予想と違ってという談話において生ずる表現である。

(18)　a.　no more than two children（more than two children（3 人以
　　　　　上）かと予想していたら、そうではなかった）[2 人しか]
　　　b.　no less than ten children（less than ten children（10 人未満）
　　　　　かと予想していたら、そうではなかった）[10 人も]

3) un-

否定が、いわば語の外ではなく、語の中に埋め込まれる un- もまた、「肯定
形の予想に反して」という含意をもつことになる。(19) は怪我を負っている
のではないかと駆けつけたところ怪我はしていなかったという談話の流れを
背後に読み取ることができる表現である。

(19)　He was uninjured.

2.4. 否定疑問文

Are you a student? のような肯定疑問文は、yes/no の答えの予測が五分五分であるのに対して、Aren't you a student?（学生さんではないですか）のような否定疑問文は、yes の答えを予測し、学生だと思って聞いている疑問文である。否定疑問文は、(20) にみるように、yes の答えを予想して、いわば念を押す機能を持っているが、談話という観点から言えば、否定疑問文の使用によって、談話の流れを決めていくことができるので、話し手の思い通りに文をつないでいく手法の一つとして挙げることができるであろう。

(20) a. Don't you think so?（そうは思いませんか。そう思いますよね）
      b. Isn't it fun?（おもしろくないですか。おもしろいですよね）

2.5. 単語と単語の引力を考える

縁語を用いてイメージを持続する、ことばを換えれば、畳みかけてメタファーの使用を持続し続けることによって、文をつないでいく手法がある。Rowling *Harry Potter and the Philosopher's Stone* (1997) の第 1 章から、(21) の例をみることにしよう。場面は、夜行性のフクロウが今日は朝から飛び回り、へんなことが起きているところである。アナウンサーは天気予報官に「今夜もフクロウは（夜行性なので）昼よりもずっと多く降ってくるのですか」と冗談を交えてマイクを渡す。天気予報官のほうも、流れ星を雨に見立てて a downpour of shooting stars! と雨のメタファーを続けて応じた後、文字どおりの意味で「今夜は雨になります」(a wet night tonight) と結ぶ。この一連の談話は「雨」のイメージで展開されている（安井 2013）。

(21) 'And finally, bird-watchers everywhere have reported that the na-
      tion's owls have been behaving very unusually today. Although
      owls normally hunt at night and are hardly ever seen in daylight,
      there have been hundreds of sightings of these birds flying in
      every direction since sunrise. Experts are unable to explain why
      the owls have suddenly changed their sleeping pattern.' The
      news reader allowed himself a grin. 'Most mysterious. And
      now, over to Jim McGuffin with the weather. Going to be <u>any</u>

more showers of owls tonight, Jim?'

'Well, Ted,' said the weatherman, 'I don't know about that, but it's not only the owls that have been acting oddly today. Viewers as far apart as Kent, Yorkshire and Dundee have been phoning in to tell me that instead of the rain I promised yesterday, they've had a downpour of shooting stars! Perhaps people have been celebrating Bonfire Night early—it's not until next week, folks! But I can promise a wet night tonight.'

(Rowling, *Harry Potter and the Philosopher's Stone*)

一つのメタファーのイメージをつむぎ続けることによって、談話がつながれ構成されていく。

3. 文をつながない手法
3.1. 文と文とはスムーズにつながっていなくてはならない

文は、通例、あらゆる局面で前の文につながっている。話し手は文をつなげているはず、と常に聞き手は考えている。文のつながりがスムーズとは思われないだろうと話し手が判断したときには、話し手は直ちにスムーズへの努力中と聞き手に伝える。そうでないと会話の信義違反となってしまう。たとえば、話題を変えるときに使われる not to change the subject という表現を考えてみる。話し手が勝手に話題を変えるのは、Grice の「協調の原理」(Cooperative principles) 違反となる。そこで話し手は「無理に話題を変えようというわけではないのですが」と断り、ほんとうは話題を変えたい気持ちがあることをカモフラージュして、いままでの話題をやんわりと打ち切り、談話の進む方向を変更する。not to change the subject はこのような機能を担っている表現である (大竹 2016: 108-113)。協調の原理に違反のする気はないと断った上で、実際には話題を変えてしまう手法、これは、話題を変えるための枕詞と言ってもよい。「批判するわけではないのですが」「悪く言うつもりはありませんが」と言って批判をしたり悪口を言ったりする手法と同じである。

「協調の原理」は話し手と聞き手が協調して会話を進めるということであ

る。それがうまくいっているときにはお互いの気持ちが一つになっている。お互いに会話を進めるのに encouraging な（心強い・心を通わすような）ことを言うのが常である。そうやってスムーズな会話が形づくられていく。どうにも馬の合わない相手でも、その一言によって氷が溶けるようにそりが合っていく一瞬がある。そういう描写に encouraging（会話を続けようとしている人にとって心強い）かどうかが肝要となってくる。(22) は取り付く島のないイモ虫の様子が描写されている。逆に (23) では針のむしろに座っているようなアリスに対して「ワインはどうかね」と愛想よい口調で三月ウサギがアリスを誘い始めたように見える場面であるが、ワインなどどこにもないので、アリスの期待はまたたく間にしぼんでしまう。

(22)　"Who are you?" said the Caterpillar.
　　　This was not <u>an encouraging</u> opening for a conversation.

(Alice, 100)

(23)　"Have some wine," the March Hare said <u>in an encouraging tone</u>.
　　　Alice looked all round the table, but there was nothing on it but tea. "I don't see any wine," she remarked.　　　*(Alice*, 156)

3.2.　スムーズに続ける気はないと伝える方法
1) あからさまに話題を打ち切る

　日常の会話では、あからさまに話題を打ち切るという状況は起こりにくいが、『不思議の国のアリス』にはしょっちゅう出てくる。日常では会話の打ち切りはまずないことなので、アリスは不思議の国で疎外感を味わうことになる。(24) は「ワタリガラスと掛けて書き物机と解く、その心は」と帽子屋 (He=The Hatter) から突然なぞなぞが出され、今までとはまったく関係ない談話が構成され始める。(25) では lesson（授業）は「最初の日は 10 時限、次の日は 9 時限…」と言うニセウミガメに「なんて奇妙な時間割なの！」とアリス。「だから lessen（時減）って言うのさ」と説明するグリフォン。「ということは、11 日目は休日だったんですよね」とアリス。「もちろんそうじゃよ」とニセウミガメが言います。するとアリスは「12 日目はどうなりますか」と次から次へと質問。グリフォンは「lesson の話はこの程度でいい」とにべもな

い上に、話題を突然切り替えようとする。(26)はこれまた突然話題を変えて「紅茶のおかわりをもう少しどうかい」という三月ウサギにアリスは「わたし、まだ一杯もいただいていないのよ」と答えるが、ややこしい会話が続くことになる。

(24)　but all he *said* was "Why is a raven like a writing-desk?"

(Alice, 158)

(25)　"That's enough about lessons," the Gryphon interrupted in a very decided tone: "tell her something about the games now."

(Alice, 232) [lesson と lessen とを掛詞として遊ぶ]

(26)　"Take some more tea," the March Hare said to Alice, very earnestly.

"I've had nothing yet," Alice replied in an offended tone: "so I ca'n't take more."

"You mean you ca'n't take less," said the Hatter: "it's very easy to take more than nothing."

"Nobody asked your opinion," said Alice.　　　　(*Alice*, 172)

[ca'n't は Lewis Carroll 特有のつづり字]

2) 話題を避ける時の手法

a) 別の話題を導入し話題を変える

　話題を避ける時の手法には大きく二つある。一つは(24)–(26)のように無関係な話題をわざと導入する、あるいは、その場に関係する別の話題を導入し、避けたい話題に深入りしないようにして文をつなぐ手法である。貴族の館の生活を描いたダウントンアビーでの食事風景では、盛んに行われている。目下の話題と関係のないことを思いついて話題にのせる場合や、話題をまったく変える場合などに、by the way(ところで)などはよく使われる表現である(安井稔・久保田 2017: 340)。

b) 重要でない話をして、話したい話題を隠す

　特定の話題を隠したいときに、わざと別の話題を話すということがある。そういうとき、言いたいことは他にあるということが伝わる。テレビドラマ

『刑事フォイル』（*Foyle's War*）の中で、フォイル刑事の部下で運転手の女性サム（Samantha Stewart）は、先ほどフォイルの家にいた女性がだれだか知りたいので、「あの人はだれですか」と問いただしたいのだがそれができない。そこで、まったく無関係な話（small talk, phatic communion）をしながらお茶を濁している。すると、フォイル刑事は、女性の話題を持ち出したいのに我慢して別の話をしているサムの気持ちを見抜いて『あの女性のことを訊きたかったんだろう』と言うと『あの女性は…』と話し始めるシーンがあった。small talk あるいは phatic communion と言われるものの機能には、2つあるように思える。一つは (a) 相手に対して友好的であるという意思表示の場合。これは、small talk の「積極的意図」とでも呼んでよいであろう。もう一つはここでの例のような、(b) serious talk を避けるという意図。これは、small talk の「消極的意図」とでも呼んでよいものであろう。フォイルはサムの small talk を (b) と見抜き、サムが知りたいと思っていた女性のことを話し始めたのである。

4. おわりに

　言語におけるあるいは普遍性は、むしろこのような、人間の心の「ひだ」を表出する語用論的な現象にこそ存在しているのではないかとさえ思われてくる。話し手は談話の主導権を握り、保ち・守ろうとしている。その中で、話し手が積極的に果たしている微妙な談話の舵取りが、話し手と聞き手とのせめぎ合いである。文と文との緊張関係をつくり出し聞き手がつけいる隙を与えない手法、逆に聞き手が談話の主導権を話し手から奪う手法、それをあからさまでなく、話し手に失礼のないようにカモフラージュする手法が見事に絡み合って談話は構成されている。このようなお行儀良さがこともなげに破られているのが、『不思議の国のアリス』の世界であり、そこでは、単刀直入に話題を打ち切る住人に囲まれたアリスは、そのあまりの理不尽さに疎外感を感ずる。常にイライラと怒る相手に、アリスはいたたまれない。日常の衝突回避を第一と考えるわたしたちの世界がどうなるのか、ルイス・キャロルの『不思議の国のアリス』は、語用論的に見ればそういう世界を、われわれに見せてくれている。

参考文献

Grice, H. Paul. 1975. "Logic and conversation." In Peter Cole and Jerry L. Morgan (eds.) *Syntax and Semantics* 3: *Speech Acts.* New York: Academic Press.

大竹芳夫. 2016.『談話のことば1 文をつなぐ』(＜シリーズ＞英文法を解き明かす：現代英語の文法と語法 第3巻) 東京: 研究社.

Rodman, Robert. 1974. "On Left Dislocation." *Papers in Linguistics* 7, 437-466.

内田聖二編. 2009.『英語談話表現辞典』東京: 三省堂.

安井泉. 2013.『英語で楽しむ英国ファンタジー』東京: 静山社.

安井泉. 2017.『対訳・注解 不思議の国のアリス』東京: 研究社. (*Alice*と表記)

安井泉. 2018.「ルイス・キャロル著『不思議の国のアリス』を見つめ直す――拙訳注『対訳・注解 不思議の国のアリス』(研究社) こぼれ話――」*Mischmasch* 20, 1-29. 日本ルイス・キャロル協会.

安井稔・久保田正人. 2017.『英語クラスターハンドブック: 基本単語のつながり用例辞典』東京: 開拓社.

［引用文学作品］

J. M. Barrie *Peter Pan*. 1911.

Lewis Carroll *Alice's Adventures in Wonderland*. 1865.

J. K. Rowling *Harry Potter and the Philosopher's Stone*. 1997.

Haruki Murakami *Birthday Girl*. (NHKテキスト『NHKラジオ 英語で読む村上春樹――世界の中の日本文学 「バースデイ・ガール」』2017年2月号 Jay Rubin 訳)

(筑波大学名誉教授)
yasui@muf.biglobe.ne.jp

当為を表す HAD BETTER*

小　澤　賢　司

1.　はじめに

　当為を表す HAD BETTER[1] には、①悪い結果を含意する、②早急的未来を指示する、③一般的な事態に対しては用いられない、といった特徴がある。［本稿における太字・斜字・下線は全て筆者によるものである］

（1）　a.　We**'d better** leave now or <u>we'll miss the bus</u>.

(OALD[9]: s.v. BETTER)

　　　b.　You**'d better** see a doctor {<u>soon</u> / ^{??}<u>one of these days</u>}.

（インフォーマント提供）

　　　c.　*People **had better** <u>always</u> think before they speak.

(Chalker 1990: 67)

本稿の目的はこれらすべてに共通する HAD BETTER の意味特徴を明らかにすることにある。

　さらに、HAD BETTER は 'better' という比較の概念を含んだ表現形式であるにもかかわらず、than を後続させ、他の事態と比較させることができない。

---

　*　本稿は英語語法文法学会第 24 回大会 (2016 年 10 月 22 日、奈良大学) において、「当為を表す HAD BETTER – SHOULD との比較とともに」という題目で口頭発表した内容に大幅な加筆と修正を施したものである。発表の準備段階から本稿執筆まで貴重な助言を継続的にくださった吉良文孝先生、発表の際に有益なコメントをしてくださったフロアの方々、そして、建設的な意見をくださった 3 名の査読者の方々にはこの場を借りて心より感謝申し上げたい。

　[1]　本稿では、had better / 'd better（縮約形）/ ø better（脱落形）の 3 つをまとめて HAD BETTER と示す。

『英語語法文法研究』第 25 号（2018）53-70
©2018 英語語法文法学会

（2） *You**'d better** do your homework than watch this rubbish on televi-
sion.   (Mitchell 2003: 140)

cf.　It is easier to persuade people than (to) force them.

(G5: s.v. THAN)

本稿では、歴史的な統語変化並びに意味変化が HAD BETTER に起こった
という仮説を立て、この問題に対する一つの解を提示する。

2.　「悪い結果」

HAD BETTER には「悪い結果」(negative consequence) を含意するとい
う意味機能が備わっていることは広く知られている (cf. Perkins (1983: 64)、
Palmer (1990^2: 82)、Carter and McCarthy (2006: 692))。

（3）　Howl:　　Next bomb attack is coming.　Calcifer can't defend
　　　　　　　　from bomb.

　　　Sophie:　We **better** flee from here.　Don't fight.

(Howl's Moving Castle, English script)

(3) では、Calcifer という炎の妖精がもうこれ以上爆弾を防ぐことができな
いため、早くここから立ち去らないと「大きな被害を受ける」という悪い結果
が暗示されている。また、IF ... NOT 節や OR 節を伴うことで、悪い結果が
明示されることもある (cf. 柏野 (2002: 162))。

（4）　a.　You**'d better** help me.　If you don't, there'll be trouble.

(Swan 2016^4: §77)

　　　b.　We**'d better** leave now or we'll miss the bus. [= (1a)]

　　　c.　You**'d better** clear off before my bone came back, Dobby, or
　　　　　I might strangle you.

(J. K. Rowling, Harry Potter and the Chamber of Secret)

(4a) では「何か困ったこと」が、(4b) では「バスに乗り遅れてしまうこと」
が、(4c) では「絞め殺してしまうこと」が、それぞれ悪い結果として明示さ
れている。これらの例が示すように、HAD BETTER は相手や自分 (たち)

当為を表す HAD BETTER　　　　　　55

に対する強い助言や意図を表すため、それがときに (4c) のような「脅し」を
表すことにもなる。

　この悪い結果の含意 (暗示及び明示) は HAD BETTER が備える特筆すべ
き特徴であるとされ、なかでも Murphy (2012[4]: 70) は "Also, with *had bet-
ter*, there is <u>always</u> a danger or problem if you don't follow the advice." と
述べ、特にその特徴を強調している。しかし、Westney (1995: 183) や Celce-
Murcia and Larsen-Freeman (2016[3]: 144)、Collins (2009: 78) は必ずしも
悪い結果が示されるわけではないとし、次の (5) における HAD BETTER
は SHOULD と同じような (単なる助言の) 意であるという (会話の順が A
→ B ではなく B → A となっていたり、ピリオドが抜け落ちたりしているが、
原文のママ)。

（ 5 ）　B:　Perhaps I*'d better* give her a ring.

　　　　A:　Perhaps you*'d better* Yeah　That's a really good idea. (ICE-
　　　　　　AUS S1A-075 120, 121)　　　　　　　　(Collins 2009: 78)

次の (6) でも、単に助言ないしは注意喚起として HAD BETTER が使用さ
れており、意味の弱化が起きているといえる。

（ 6 ）　a.　I*'d better* introduce myself.　　　　　(Westney 1995: 183)

　　　　b.　You two *better* change into the robes.　I expect we'll be ar-
　　　　　　riving soon.[2]

　　　　　　(J. K. Rowling, *Harry Potter and the Philosopher's Stone*)

Collins (2009) らがいうように、確かに (5) や (6) のように、悪い結果を含

　2　HAD BETTER の意味の弱化は、一人称主語の場合にしばしば起きる (cf. Celce-
Murcia and Larsen-Freeman (2016[4]: 144))。また、二人称主語であっても、'd better より
も ø better に、ひいては会話時にしばしば観察される現象である。筆者が尋ねたインフォー
マントは、主人公 Marty が友人である Doc に車をもう少し下げた方が良いと助言する次の
ような場面では、had better は強く響きすぎてしまうため odd であるという。

　（ i ）　Marty:　Hey, Doc. We *better* back up.　We don't have enough roads to get
　　　　　　　　up to 88.

　　　　Doc:　　Roads?　Where we're going, we don't need roads.

　　　　　　　　　　　　　　　　　　　　　　　　(映画 *Back to the Future*)

意しない例はいくつか散見されるものの、その多くは発話の状況や話し手の口調、聞き手の受け取り方によって、容易に悪い結果を含意しうる。次の (7) は単なる助言とも忠告・警告とも解釈可能であり、悪い結果を表すか否かは、結局のところ、語用論的な問題といえる。

（7）　You**'d better** see a doctor if you're still feeling ill tomorrow.

(Graver 1986³: 39)

(5) が単なる助言の意で解釈されるのは、これから取る行動が相手にとって良い結果を生む ("That's a really good idea.") と話し手が考えているからである。逆に、(4c) のように、これから取る行動が相手にとって極めて悪い結果を生むと考えている場合では、脅しのような強い意を表すことになる。柏野 (2010: 125) は「誰に向かって言っているのかが重要」であると述べ、友達に対して "Your bus is just about to leave, you**'d better** hurry." と言えば気遣いを表し、教師が学生に向かって "You**'d better** study harder." と言えば警告を表すと説明している。この話し手と聞き手の関係性も HAD BETTER の意味決定には極めて重要な役割を果たすといえる。筆者が持つ約 200 の用例・実例に関して、複数のインフォーマントにその解釈を尋ねたところ、良い結果をもたらすと解釈するより悪い結果をもたらすと解釈するケースのほうが多かった。したがって、語用論的な問題とはいっても、HAD BETTER は基本的には悪い結果を含意し、それを打ち消すような要素と組み合わさることで忠告や警告の意味が弱まり、有標的に単なる助言を表すと考えるほうが妥当であろう。なお、友達同士であれば必ず助言（気遣い）を表すというわけではなく、(7) を語気を強めて言ったのであれば、"or you'll get worse"（インフォーマント提供）といった悪い結果が含意されることも十分にある。

3.　HAD BETTER の発話環境

HAD BETTER はしばしば SHOULD と似たような意味特徴を持つとされる。

（8）　a.　You can use **had better** instead of *should* or *ought to* to say that something is the right or correct thing to do.

(Sinclair 2017[4]: 308)

    b.   If you're not well, you**'d better** ask Clare to go instead. (*or ...* you should / ought to ...)   (Hewings 2013[3]: 40)

    c.   It's late. You {**'d better** / *should*} go.   (Murphy 2012[4]: 70)

しかしながら、両者の使用状況を比較すると、HAD BETTER だけが不自然に響く場合がある。

(9)   You {[??]**had better** / *should*} always look carefully at your map afterwards so you can see what's what's that area. (ICE-GB S1A-030 282)   (Collins 2009: 79)

「いつだって地図をしっかりと見れば、その周りに何があるのかわかる」といった一般的な事態を述べる場合、SHOULD の使用に問題はないが、HAD BETTER は不自然に響く。HAD BETTER の使用が適格である (4) を改めて見返してみると、「手を貸さないと困ったことになる」や「急がないとバスに乗り遅れてしまう」、「出ていかないと絞め殺してしまう」といった事態は全て特定的なものである。このことから、HAD BETTER は一般的な事態ではなく特定的な事態に対して使用することが基本といえる。[3] その証拠に、HAD BETTER は総称的主語や習慣を表す副詞語句とは共起しない。一方、SHOULD は特定的な事態 (= (11a)) にも一般的な事態 (= (11b)) にも使用可能であるため、それらと共起しうる。

(10)   a.   *People **had better** always think before they speak. [= (1c)]

        b.   *One **had** usually **better** take a taxi to be sure of getting to the airport on time.[4]   (Mitchell 2003: 141)

---

  3   日本語の場合、「常に考えてから物を言ったほうが良い (言いなさい)」といった一般的な事態に対して「したほうが良い」を使用することができるが、HAD BETTER ではそれができない。したがって、日本語の「したほうが良い」が HAD BETTER の意味特徴を完全に捉えられているわけではないことには注意が必要である。

  4   この文が不適格になる別の理由として、had と better の間への副詞の挿入が考えられる。had better は had と better の 2 語から成っているが、統語上は単一化されたものとみ

(11) a. We *should* buy now while the market is depressed.

   b. One *should* always tell the truth.

(a, b: Huddleston and Pullum 2002: 186)

HAD BETTER と SHOULD にこのような発話環境の違いがあることは複
数の学者も認めるところである（cf. Westney（1995: 182）、Collins（2009:
79）、Murphy（2012⁴: 70））。しかし、これでは発話環境という表面的な違い
が明らかになっただけで、なぜ HAD BETTER が特定的な事態と相性が良
いのかという根本的な問題は残されたままである。次節では、HAD
BETTER の本質的意味を探りながら、この問題についても見ていく。

4. HAD BETTER の中核的意味

次の例が示すように、HAD BETTER は過去の事態に対して使用するこ
とができず、必ず非過去（未来）指示となる。

(12) a. *Had* is normally past, but the meaning of ***had better*** is present
or future, not past.   (Murphy 2012⁴: 70)

   b. You'***d better*** tell her {now / at once / tomorrow / *yesterday}.

(Declerck 1991: 355)

could や might、should といった他の法助動詞は完了不定詞を伴うことで過
去の事態に対する言及を行うことができるが、HAD BETTER は完了不定
詞を伴っても過去の事態に対する言及を行うことが、通常、できない。⁵ 次の

なされる。その傍証の１つとして、had better の標準の否定形は had better not であるとい
う点が挙げられる。had not better という（副詞が had と better の間に挿入された）形式が
ないわけではないが、文法上問題のある用法であることは多くの文法家が指摘している。し
たがって、had と better の間には、いかなる語句も挿入すべきではなく、この点も（10b）
が不適格となる理由にもなるであろう。

⁵ Jespersen（1931: §10.8(3)）は、HAD BETTER + have p.p. が非実現を表す（つま
り、過去の事態に言及する）例を提示しているが、筆者が尋ねた数名のインフォーマントの
意見を総括すると「文法的には可能だと思うが、聞いたことはないし、自分でも使わない」
とのことである。安藤（2005: 372）も「現代の用例は、あまり見つからないが、決して皆無
ではない」と述べていることから、現代英語における HAD BETTER + have p.p. の非実現
用法は一般的ではないと判断する。

例はともに完了不定詞を伴っているが、時の解釈が異なる点に注意され
たい。

(13)　a.　*I **had better** *have stayed* at home.
　　　b.　We'*d better* *have finished* this work by the time the boss
　　　　　comes back.　　　　　　　　　(a, b: Mitchell 2003: 134)
　　　cf.　This is really a wonderful view.　I *should have brought* my
　　　　　camera.　　　　　　　　　　　　　　　　(江川 1991³: 303)

(13a) の have stayed は「(家に) 滞在していた」という過去の解釈であるため
不適格となり、(13b) の have finished は「(仕事を) 終わらせる」という未来
の解釈であるため適格となる。このように、HAD BETTER + have p.p. に
おける完了不定詞は、過去の事態ではなく未来の事態 (完了性) を表す (一方、
SHOULD + have p.p. における完了不定詞は、通例、過去の事態を表す)。
以上のことから、HAD BETTER には次の使用条件が課されていることに
なる。

(14)　非過去性条件 (Non-past Condition)：
　　　その命題内容は過去の状況であってはならない。

　ではなぜ「非過去性条件」がHAD BETTERに課されることになるのであ
ろうか。OED² (s.v. HAVE 22a, BETTER 4b) によれば、HAD BETTER
は would have better から発展した叙想法由来の表現であり、現代英語にお
いては "should have it better to do" でパラフレーズできるような意味を持
つ。また、HAD BETTER が表す義務は主観的なものであって客観的なも
のではない (cf. Huddleston and Pullum (2002: 196)、Leech (2004³: 105))。
したがって、HAD BETTER はその形式 'had' と 'better' に支えられた「(do
することが良いはずなのにまだしていないようだから) 早く do したほうが
良い」といった意味を持ち、相手や自分 (たち) に対して優先して行うべき事
態を主観的に表明する表現と言える。本稿では、HAD BETTER が備える
このような意味特徴を「主観的履行義務」と呼ぶことにする。この特徴ゆえ
に、HAD BETTER による発話には「非過去性条件」が課され、そこで示さ
れる状況は必ず発話時以降でなければならなくなる。そして、この「主観的

履行義務」という中核的意味が HAD BETTER に存在すると考えることで、次の不適格性も自然と説明できる。

(15) a. *You ***had better*** apologise, but I know you won't.

(Chalker 1990: 67)

b. He {#***had better*** / *should*} tell her but I don't suppose he will.

(Huddleston and Pullum 2002: 196)

(15) がともに不適格となるのは、優先して行うべき事態を表明しているにもかかわらず、その不履行を許すような文言を後続させているためである（一方、SHOULD は客観的な義務を表せるため適格となる）。別の言葉でいえば、（話し手による）主観的な義務を話し手自らが取り下げるような発話となっており、自己矛盾を起こしてしまっている。

HAD BETTER による発話に悪い結果が含意されやすいのもこの「主観的履行義務」が大きく関わっている。相手に対して履行すべき義務を強く伝えるということは、その事態の必要性が高いことを意味し、ひいてはその事態が履行されなかった場合のリスク、すなわち「悪い結果」が自然と含意（暗示・明示）される。有標的に単なる助言を表す場合はあるものの（2 節参照）、基本的には悪い結果を含意するのは、「主観的履行義務」という中核的意味が HAD BETTER に存在するからである。[6]

(15) のような不履行を前提としない履行すべき義務を表明するということは、別の観点から考えてみると、その当為内容の速やかな履行を求めてい

---

[6] なお、悪い結果の含意は HAD BETTER の '専売特許' というわけではなく、命令文や MUST も悪い結果を表しうる。

(i) a. ***Hurry*** up, or you'll miss the bus.

b. You ***must*** be on time tomorrow, or we'll go without you.

(a, b: Close 1988: 66)

ただし、命令文と MUST は必ずしも近未来を指示するわけではなく、また、一般的な事態に対しても用いることができるため、HAD BETTER と同一の意味特徴を持っているわけではない。

(ii) a. ***Come*** and ***see*** me whenever you need help. (Sinclair 2017⁴: 266)

b. We ***must*** make an appointment if we want to see the Dean.

(Huddleston and Pullum 2002: 183)

ることにもなり、したがって、その出来事は必然的に早急的な (immediate) ものとなる (cf. Swan (2016⁴: §77))。

(16) a. I really *ought to* go and see Fred one of these days. ~ Well, you'***d better*** do it soon — he's leaving for South Africa at the end of the month. (Swan 2016⁴: §77)

b. You'***d better*** see a doctor {soon / ??one of these days}. [= (1b)]

c. Actually it isn't. Yesterday the landlord came to see me and told me that he wants you out, and when he explained why it sounded perfectly reasonable. But I figured I ***had better*** go and see for myself, just to make sure, so this morning I stopped by on the way to school and this time he was talking about. (S. Natsume, *Botchan*)

HAD BETTER は漠然とした未来を表す副詞語句とは相性が悪く、一方で早急性を表す副詞語句とは相性が良いことが (16a) および (16b) からわかる。(16c) は、実直な性格の山嵐（本名は堀田）が、昨日亭主から聞いた内容を次の日にでもすぐに自らの手で確認しなければと決意を固める場面であり、ここでも早急性が意図される文脈で HAD BETTER が使用されている。

　そしてもう一つ、不履行を前提としない履行すべき義務を表明するということは、その行為の当事者は第三者ではなく、主に話し手か聞き手のどちらかになることが予想される。事実、Collins (2009: 79) によれば、二人称主語の割合は 61.8％、一人称主語の割合が 34.8％であり、実に約 96％を占める。[7] これは、(16) で見たように、HAD BETTER が使用される裏にはある事態の早急な履行が求められており、その意味において目の前にいる相手もしくは話し手自身に対して使用されやすくなる。3 節で問題となっていた

---

[7] 三人称主語の割合は 3.4％であるが、その中には次のような無生物主語も含まれることを考えると、生物主語の割合はさらに少なくなる。

(i) It ***had better*** be soon. (Greene, *Brighton Rock*) （安藤 2005: 372）

(ii) a. There'***d better*** not be any more trouble here, or we'll arrest you.

b. This ***had better*** be the last time you come to class without your work.

(a, b: 柏野 2002: 167)

HAD BETTER による当為内容が特定的な事態となるのは、この近未来指示的な機能と談話指向的な機能によるものである。早急に履行しなければならない事態を相手か自分（たち）に表明するということ自体がその発話環境を特定的なものとするのである。なお、第三者に早急な履行を求める場合がないわけではなく、例えば、次の (17c) のように、he の事情を知っている者がまず he にある当為内容の履行を求める状況は十分ありうる。

(17) a. He'*d better* stop taking those pills.
(Thomson and Martinet 1986[4]: 179)

b. He says he won't tell anybody. He'*d better* not.
(Swan 2016[4]: §77)

c. He'*d better* give a presentation at first, because he has to leave earlier today. （インフォーマント提供）

これまで述べてきた HAD BETTER の意味特徴を簡単にまとめると、以下のような関係図となる。

(18) HAD BETTER:

HAD BETTER には「主観的履行義務」とも呼べる中核的意味が存在しており、それゆえに、HAD BETTER によって表される事態は早急的、かつ、非第三者的、そして、特定的なものとなる。また、「主観的履行義務」とは、相手に対して履行すべき義務を強く伝える発話行為でもあり、そこで指示された行為を行わないと何かしらの不都合が生じるという「悪い結果」が自然と含意されることになる。

また、二人称主語及び一人称主語の割合がほとんどである事実から、誰に対する発話であるかが容易にわかるため、主語省略が起こせるのだと考えられる。

(iii) (You) *better* come tomorrow. (Butterfield 2015[4]: 106)

5. HAD BETTER の 'better'

　HAD BETTER は 'better' という比較の概念を含んだ表現形式ではあるが、than を後続させ、他の事態と比較させることができない。

(19)　a.　*You'*d better do* your homework <u>than</u> *watch* this rubbish on
　　　　television.　　　　　　　　　　　　　　　　　　　　[= (2)]
　　　b.　*We {*had* /'*d* /ø} *better get* a takeaway <u>than</u> *start* cooking now.
　　　　　　　　　　　　　　　　　　　　　(Denison and Cort 2010: 355)

Swan (2005³: §230) は "The structure means 'It would be good to ...', <u>not</u> 'It would be better to ...'." と述べ、HAD BETTER には比較の意味がないことを強調している。van der Auwera et al. (2013: 24) によれば、比較表現としての HAD BETTER は後期近代英語では一定数観察されるものの、現代英語になるにつれ、その頻度が 32.81％ から 5.73％ へと大幅に減少している。

(20)　Standard of Comparison of HAD BETTER:

	1710–1780			1780–1850			1850–1920		
	n	n/million	%	n	n/million	%	n	n/million	%
had better	20	6.58	33.90	13	2.27	5.56	6	0.96	2.07
'd better	0	0.00	0.00	0	0.00	0.00	8	1.28	17.02
better	1	0.33	33.33	6	1.05	46.15	8	1.28	17.02
Total BETTER	21	6.91	32.81	19	3.32	6.86	22	3.52	5.73

(van der Auwera et al. (2013: 24) を参考に作成)

したがって、後に見る rather を伴う形式を除いて、現代英語における HAD BETTER の 'better' には比較表現としての統語的機能はないといえる。しかし、'better' の意味的特徴までもが失われているかというと、そうともいい切れない。話を先取りすれば、than と呼応し、他の個別の事態と比較するという統語的機能は表面上失われたものの、比較するという意味的機能そのものは HAD BETTER に内在されていると考える。本節では、現代英語における HAD BETTER がその意味的・統語的特徴を持つに至った経緯を、共時的・通時的観点から探っていく。

4節で見たように、HAD BETTER は相手や自分（たち）に対して優先して行うべき事態を主観的に表明する表現である。この場合、ある当為内容の履行を強く求めているのであって、他の当為内容の履行は求めていない。次の (21a) では「彼に許可を取ること」を、(21b) では「狂気じみた行動を慎むこと」を、(21c) では「車を下げてもう少し距離を取ること」を、何よりも優先して履行すべきであると伝えている。

(21) a. I think you ***had better*** ask his permission first.　He's the boss here.　　　　　　　　　　　　　　　　　　　（江川 1991³: 463）

　　 b. Don't you know that this is supposed to be a dormitory, not a pigpen?　You***'d better*** cut back on these crazy stunts.

　　　　　　　　　　　　　　　　　　　　　　　　　（S. Natsume, *Botchan*）

　　 c. Hey, Doc.　We ***better*** back up.　We don't have enough roads to get up to 88.　　　　　　　（映画 *Back to the Future*）

したがって、HAD BETTER は他の事態を排して履行すべき最優先の事態を表明する表現であり、「とにかく早く A したほうが良い」（the best course of action）といった意味を表す。[8] 現代英語における HAD BETTER は何か個別の事態と比較する表現ではないため、(19) のような「(B よりも) A したほうが良い」の意では HAD BETTER を使用することができない。もし他の事態と比較させたい場合には rather than の形式を取る必要があり、rather の補助なしに個別の事態と比較することはできない。[9]

---

[8]　これは4節の「(do することが良いはずなのにまだしていないようだから) 早く do したほうが良い」をよりコンパクトに、かつ、濃密にした HAD BETTER の定義である。

[9]　rather を伴わずに than が後続する場合もあるが、その場合であっても動作そのものは比較の対象とはなっておらず、またその出現頻度も極々少数である。

　(i) a. You***'d better*** be working harder than *this* when the boss comes back.

　　　　　　　　　　　　　　　　　　　　　　　　　（Leech 2004³: 105）

　　 b. Then you***'d better*** stretch them somewhere else than *in the street*.

　　　　　　　　　　　　　　　　　　　（A. Horatio, *Phil, the Fiddler*）

当為を表す HAD BETTER　　　　65

(22)　a.　Actually today I'm nursing a very bad hangover so I decided
　　　　　I ***had better*** *stay* at home rather than *throw up* on the Metro!
　　　　　(ICE-GB W1B-009 33)　　　　　　　　(Collins 2009: 78)
　　　b.　[...] things are moving, we ***had better*** *move* gracefully, rather
　　　　　than *perforce*. (LOB G61 56)
　　　　　　　　　　　　　　(van der Auwera and De Wit 2010: 140)
　　　c.　"I'm sorry, Mr Beamish, but he'll be away all day and I
　　　　　thought I***'d better*** *come* along rather than *leave* it till tomor-
　　　　　row. (BNC written G3S 2565)
　　　　　　　　　　　　　　　(van der Auwera et al. 2013: 24)

HAD BETTER に上記のような排他的特徴があるという主張は、HAD
BEST との間に意味的な差がないという点からも支持される。

(23)　a.　Occasionally, *had best* may occur as an alternative to *had bet-*
　　　　　ter.　　　　　　　　　　(Carter and McCarthy 2006: 666)
　　　b.　[t]he originally comparative and superlative constructions
　　　　　now express the same meaning.
　　　　　　　　　　　　　　(van der Auwera and De Wit 2010: 141)
　　　c.　You ***had*** {***better*** / ***best***} return that book to the library.
　　　　　　　　　　(Celce-Murcia and Larsen-Freeman 2016[3]: 144)

　HAD BETTER が HAD BEST と同程度の排他的特徴を備えるように
なった背景には、'better' の統語的機能の消失と HAD BETTER 全体の出現
頻度の増加が大きく関係していると思われる。van der Auwera et al. (2013:
9) によれば、後期近代英語から現代英語になるにつれ、HAD BETTER が
21.07 から 73.10 へとその出現頻度を大きく伸ばす一方で、HAD BEST は
1.98 から 4.64 への増加にとどまり、出現頻度に大きな変化が見られない。

(24) Frequencies of HAD BETTER and HAD BEST:

	1710-1780		1780-1850		1850-1920	
	n	n/million	n	n/million	n	n/million
had better	59	19.42	234	40.88	290	46.39
'd better	2	0.66	30	5.24	120	19.19[10]
better	3	0.99	13	2.27	47	7.52
Total BETTER		21.07		48.39		73.10
had best	6	1.98	16	2.80	18	2.88
'd best	0	0.00	7	1.22	8	1.28
best	0	0.00	1	0.17	3	0.48
Total BEST		1.98		4.19		4.64

(van der Auwera et al. (2013: 9) を参考に作成)

HAD BETTER の頻度の増加は、(19) で見た比較表現としての統語的機能の消失とちょうど反比例している。そこで、'better' の統語的機能の消失と 'better' の意味的機能の拡張が連動して起こったと仮定してみるのはどうであろうか。'better' 本来の何か個別の事態と比較するという統語的機能は消失した（もしくは rather に取って代わられた）ものの、比較するという意味的機能は失われたわけではなく、むしろ統語的機能の消失と連動する形で、'better' の意味的機能が拡張し、他のあらゆる事態と比較して、履行すべき最優先の事態を表明する表現（do A better than anything = doing A is the best course of action）へと変化した。このような仮説を立てることで、現代英語における HAD BETTER の統語的機能の不全を説明できるだけでなく、「主観的履行義務」という中核的意味を HAD BETTER が備えている理由も説明可能となる。[11]

---

[10] 先の (20) において、1710-1780 期と 1780-1850 期では観察されなかった比較表現としての'd better が 1850-1920 期に観察されるようになったのは、この出現頻度の大幅な増加が一つの要因だと思われる。

[11] 査読者より、van der Auwera et al. (2013) は 1920 年までのデータであるため、それをもって後期近代英語から現代英語への変化を論じることに無理があるのではないか、という指摘を受けた。本稿草案の時点で、Brown / Frown / LOB / FLOB 各種コーパスを用い

6. 結語

　本稿では、当為を表す HAD BETTER には「主観的履行義務」（未だに履行していない履行すべき主観的な義務）とも呼べる中核的意味が存在することを主張し、それを発話の媒介とすることで、①悪い結果の含意、②早急的未来の指示、③一般的な事態に対しての不使用、といった特徴を表すことになることを見た。さらに、'better' という比較の概念を含んだ表現形式であるにもかかわらず、than 節を後続させ、他の事態と比較することができないのは、HAD BETTER が何か個別の事態と比較する表現ではなく、他の事態を排して履行すべき最優先の事態を表明する表現だからである。そのような意味特徴を獲得するに至った背景として、'better' の統語的機能の消失と意味的機能の拡張が通時的に起こったと想定することで、現代英語におけるHAD BETTER の意味的・統語的特徴を説明することが可能となる。

　最後に、HAD BETTER の出現頻度の増加について触れることで本稿の結びとしたい。(24) において、後期近代英語から現代英語にかけて、HAD BETTER の出現頻度には大きな変化が見られたのに対し、HAD BEST の出現頻度には目立った変化がないことを見た。本来であれば、その字義が示す通り、HAD BETTER が何か個別の事態と比較する表現として、HAD BEST が他のあらゆる事態と比較して履行すべき最優先の事態を表す表現としてそれぞれ使用されることで、両者の棲み分けがなされていたはずである。しかし、現代英語の HAD BETTER は HAD BEST と同程度の意味特徴を持ち、出現頻度も圧倒的に前者のほうが多い。これはおそらく一種の「遠景化」(distancing) の効果が HAD BETTER の 'better' にはあるからだと思われる。広い意味で、助言を表明する場合、対人関係上の問題を考えることは重要であり、その際、自らの発言が相手に受け入れてもらえるようにポライトネスが意識される。HAD 'BEST' という最上級の形では強く響きすぎる

て HAD BETTER と than の共起状況を調べたが、有意義な変遷データは観察されなかった。そこで、より古いデータを観察する必要があると考え、有意義な差が観察されたとする van der Auwera et al. (2013) を借用し、本稿に組み込むこととした。現代英語における HAD BETTER がその意味的・統語的特徴を持つに至った経緯を解明するには、それらの特徴を持つようになる前の（ダイナミックに変化したときの）データが有効的であり、その意味において van der Auwera et al. (2013) を用いることに問題はないと考える。

ため、ポライトネスの意識から遠景化の効果を狙った HAD 'BETTER' の使用が促され、その出現頻度の増加を手助けしたのではないだろうか。この HAD BETTER と遠景化及びポライトネスの問題に関しては、稿を改めて論じたい。

参考文献

Altman, R. 1986. "Getting the Subtle Distinctions: Should versus Had Better," *Studies in Second Language Acquisition* 8, 80–87.

安藤貞雄. 2005. 『現代英文法講義』東京: 開拓社.

Butterfield, J. (ed.) 2015[4]. *Fowler's Dictionary of Modern English Usage*. New York: OUP.

Carter, R. and M. McCarthy. 2006. *Cambridge Grammar of English: A Comprehensive Guide to Spoken and Written English Usage.* Cambridge: CUP.

Celce-Murcia, M. and D. Larsen-Freeman. 2016[3]. *The Grammar Book: Form, Meaning, and Use of English Language Teachers.* New York: Heinle & Heinle.

Chalker, S. 1990. *English Grammar Word by Word.* Walton-on-Thames: Nelson.

Close, R. A. 1981[3]. *English as a Foreign Language.* London: Longman.

————. 1988. "The Future in English," In Bald, Wolf-Dietrich (ed.) *Kernprobleme der englischen Grammatik, Sprachliche Fakten und Ihre Vermittlung*, 51–66.

Collins, P. 2009. *Modals and Quasi-Modals in English.* Amsterdam/New York: Rodopi.

Declerck, R. 1991. *A Comprehensive Descriptive Grammar of English.* Kaitakusha.

Denison, D. and A. Cort. 2010. "*Better* as a verb," In Kristin D., L. Vandelanotte and H. Cuyckens (eds.) *Subjectification, Intersubjectification and Grammaticalization*, 349–383.

江川泰一郎. 1991[3]. 『英文法解説 (改訂三版)』東京: 金子書房.

Graver, B. D. 1986[3]. *Advanced English Grammar.* Oxford: OUP.

Hewings, M. 2013[3]. *Advanced Grammar in Use.* Cambridge: CUP.

Huddleston, R. and G. K. Pullum. 2002. *The Cambridge Grammar of the English Language.* Cambridge: CUP.

Jespersen, O. 1931. *A Modern English Grammar on Historical Principles part IV*. London: George Allen and Unwin.

柏野健次. 1993.『意味論から見た語法』東京: 研究社.

————. 2002.『英語助動詞の語法』東京: 研究社.

————. 2010.『英語語法レファレンス』東京: 三省堂.

Leech, G. 2004³. *Meaning and the English Verb*. London: Longman.

Mitchell, K. 2003. "*Had better* and *might as well*: On the margins of modality?" In Facchinetti, R., M. G. Krug and F. R. Palmer (eds.) *Modality in Contemporary English*, 129-149.

Murphy, R. 2012⁴. *English Grammar in Use with answers*. Cambridge: CUP.

中野弘三. 1993.『英語法助動詞の意味論』東京: 英潮社.

Palmer, F. R. 1990². *Modality and the English Modals*. London: Longman.

Perkins, M. R. 1983. *Modal Expressions in English*. London: Frances Pinter.

Poutsma, H. 1928. *A Grammar of Late Modern English: 1st half. The Elements of the Sentence*. Groningen: Noordhoff.

Quirk, R., S. Greenbaum, G. Leech and J. Svartvik. 1985. *A Comprehensive Grammar of the English Language*. London: Longman.

澤田治美. 2006.『モダリティ』東京: 開拓社.

Sinclair, J. 2017⁴. *Collins COBUILD English Grammar*. Glasgow: Harper Collins Publishers.

Swan, M. 2005³, 2016⁴. *Practical English Usage*. Oxford: OUP.

Thomson, A. J. and A. V. Martinet. 1986⁴. *A Practical English Grammar*. Oxford: OUP.

van der Auwera, J. and A. De Wit. 2010. "The English Comparative Modals — A Pilot Study," In Cappelle, B. and N. Wada (eds.) *Distinctions in English Grammar: Offered to Rennat Declerck*, 127-147.

van der Auwera, J., D. No ë l and A. Van linden. 2013. "*Had better*, '*d better* and *better*: Diachronic and transatlantic variation," In Marín-Arrese, J. I., M. Carretero, J. A. Hita and J. van der Auwera (eds.) *English Modality: Core, Periphery and Evidentiality*, 119-154.

Westney, P. 1995. *Modals and Periphrastics in Enlgish: An Investigation into the Semantic Correspondence between Certain English Modal Verbs and Their Periphrastic Equivalents*. Tübingen: Niemeyer.

辞書

『ジーニアス英和辞典』第 5 版. 2015. 東京: 大修館. [G5]

Oxford Advanced Learner's Dictionary. 2015^9. Oxford: OUP. [OALD^9]

Oxford English Dictionary. 1989^2. Oxford: OUP. [OED^2]

（日本大学）

ozawa.kenji15@nihon-u.ac.jp

play a role (in) V-ing における前置詞 *in* の随意性と義務性[*]

桑 名 保 智

1. はじめに

本稿の目的は、「play a role (in) V-ing」と表記する構文における前置詞 in の随意性と義務性について記述し考察することである。一般的には、この構文の形式は動詞句 play a role が前置詞 in と動詞の -ing 形（V-ing）に後続される。意味的には、ここでの role は "the way in which someone or something is involved in an activity or situation, and how much influence they have on it"(*LDCE*[6]) で、前置詞 in が先行する句は役割が果たされる活動や状況を示す。

（ 1 ） Mandela played a leading role in ending apartheid in South Africa. (*G*[5])

つまり (1) では、前置詞句 in ending apartheid in South Africa は「マンデラ」が役割を果たした活動を示し、文の意味は「マンデラは南アフリカのアパルトヘイト終結において中心的な役割を果たした」(*G*[5]) である。

以上のような一般的な用法に対して、V-ing の直前の前置詞 in が以下の (2) のように脱落する用例も見られる。

（ 2 ） a. Parents and families play an important role supporting chil-

---

[*] 本稿は英語語法文法学会第 25 回大会（2017 年 10 月 21 日、専修大学神田キャンパス）にて行った「I played a role in translating Japanese into English. の in は脱落する」という研究発表に加筆・修正を施したものである。有益なご意見とご指摘を頂いた大室剛志氏、都築雅子氏、出水孝典氏、野村忠央氏、ならびに査読委員の先生方に心から感謝の意を表したい。また、インフォーマントとして David Fairweather 氏と Gwen Gallagher 氏にご協力いただいた。御礼申し上げる。本稿における不備は全て筆者の責任によるものである。

『英語語法文法研究』第 25 号（2018）71-87
©2018 英語語法文法学会

dren and youth with problems of aggression and violence.

(COCA: ACAD 1994)

b. [...] government can play a key role helping private firms de-
velop and profit from innovation.　　(COCA: ACAD 1996)

c. [...] race plays a role modifying the link between self-control
and drug-related behavioral problems.

(COCA: ACAD 2005)

d. [...] international community could play an important role
putting pressure on the current Maldivian government to
push for elections.　　　　　　　(COCA: NEWS 2012)

(2) の用例では問題の前置詞 in は脱落しているものの、意味的には (1) と同
種であると考えられる。例えば (2a) は「両親と家族は、攻撃性や暴力の問題
を抱える子どもや若者の支援において重要な役割を果たす」を意味すると解
釈できる。従って、ここでの前置詞 in の生起・脱落は文の容認可能性及び意
味に違いを生じさせない点において随意的であると言えそうだが、このこと
を記述した先行研究は管見の限りでは見当たらない。また、2 節で後述する
ように、前置詞 in を伴わずに V-ing が単独で様々な述語と共起するように
なってきていることが指摘されている一方、述語によっては前置詞 in が義務
的なものもあり、その仕組みは完全には明らかになっていない。これらの課
題について模索することは語法と文法の研究上意義があると考える。

　本稿の構成は次の通りである。2 節では (in) V-ing に関する先行研究を概
観し本稿の目的と方法を提示する。3 節では play a role (in) V-ing における
前置詞 in の随意性と義務性を示すデータを記述する。4 節では (in) V-ing が
共起する他の構文も視野に入れながら前置詞 in の随意性と義務性について
考察する。5 節は結論である。

2.　(in) V-ing に関する先行研究

　前置詞 in と V-ing から構成される句において、その前置詞が脱落する現象
は多くの先行研究によって注目されてきている。意味と形式との関係に着目
した研究には、動詞 spend の補部において V-ing の意味の解釈に応じて前置

詞 in の生起する動名詞構文をそれが脱落する分詞構文に組み換えてその構造を獲得する「統語構造組み換え (syntactic reorganization)」を提案する研究 (大室 1988, 2015)、同じく動詞 spend に関して、前置詞 in の脱落は態と関連があることを実証する研究 (Arai 1997) がある。また、be long, be busy, have NP (difficulty, problems, fun など)、take turns に V-ing が直接後続する用法が定着しつつあることを示す研究 (阿戸 2009, 2013, 2014; 住吉 2017) もある。以下では、文の構造的な複雑さと前置詞 in の生起との関係を扱う Rohdenburg (2002) と、前置詞 in の伴わない V-ing を IPC (integrated participle clause) と呼び、IPC の性質とその拡散 (diffusion) について調査している De Smet (2013, 2015) を概観する。

2.1. Rohdenburg (2002)

Rohdenburg (2002) は Complexity Principle という原則を提案し、前置詞の生起・脱落は意味的またはスタイル的要因だけで決定するのではなく、それらを補完する要因として Complexity Principle の影響を認めている。

(3) Complexity Principle
In the case of more or less explicit grammatical (or lexico-grammatical) options, the more explicit one (s) will tend to be preferred in cognitively more complex environments.

(Rohdenburg 2002: 79)

この原則は言語の処理 (processing) と使用との関係についてのもので、構造的に処理が複雑な場合にはより明示的な文法的オプションが好まれる傾向があることを示している。Rohdenburg はこの原則が適用される一例として have difficulty (in) V-ing についての調査を報告している。この調査は、新聞 The Gurdian の中で 1992 年から 1993 年までの期間に have difficulty (in) V-ing における前置詞 in が生起する頻度を調べたものである。具体的には、以下の (4) が示すように構造的な複雑さが異なる四つのタイプにおける前置詞 in の生起の頻度を比較した。(4a) は最もシンプルなタイプ、(4b) は difficulty が関係節によって後置修飾されているタイプ、(4c) は difficulty と (in) V-ing の間に副詞句が介在しているタイプ、(4d) は difficulty が修飾語句に

よって前置修飾されているタイプである。

(4) a. They had difficulty (in) getting there in time.
　　 b. The difficulty they had (in) getting there in time ...
　　 c. They had difficulty, after all, (in) getting there in time.
　　 d. They had some/great/enormous/little/no difficulty (in) getting
　　　　 there in time.　　　　　　　　　　　　　(Rohdenburg 2002: 80)

それぞれのタイプにおいて前置詞inが生起した割合は次の通りだった。(4a)
タイプは341例中77例 (22.6%)、(4b) タイプは24例中19例 (79.2%)、(4c)
タイプは14例中8例 (57.1%)、(4d) タイプは232例中115例 (49.6%) だっ
た。構造的に簡潔な (4a) タイプにおいて前置詞 in の生起の割合が最も低く、
より複雑な (4b–d) タイプではその割合が相対的に高いことから、構造的な
複雑さ・簡潔さと文法的明示性・非明示性との関係には一定の傾向があるこ
とをこの調査結果は示している。

2.2. De Smet (2013, 2015)

De Smet (2013, 2015) は、have difficulty (in) V-ing のように前置詞 in を
伴わない V-ing の句を IPC と呼び、それは副詞的機能を果たすものではなく
主節の述語に対して統語的に統合された (integrated) 節であると述べている
(De Smet 2013: 102)。そして付加詞 (adjunct) 及び離接詞 (disjunct) と比
較しながら、IPC の性質について三点指摘している。第一の性質は、付加詞
及び離接詞とは異なり、IPC は省略されると意味の違いが生じるということ
である。(5a) では、文主語の疲労感は IPC の playing for my country とい
う特定の活動と関連があることが示されている。IPC が省略されると疲労感
が何に起因するが不明であることから、IPC の省略は文の意味に影響すると
De Smet は述べている。第二の性質は、IPC からの WH 移動が可能である
ということである。(5b) は、be busy に後続する IPC の trying to do の目的
語を抜き出して関係代名詞化することが可能であることを示している。その
移動は付加詞及び離接詞の場合は通常不可能である。第三の性質は、IPC の
内容に関して WH 疑問文で問うことが不可能であるということである。すな
わち、(5c) の疑問文に対する返答として "The new group *had no more suc-*

cess prying men away from their entrenched partisan loyalties ..." は自然
ではない。

（5）　a.　The day I say I'm *tired playing* for my country is the day I hang
up my boots.
b.　And this is what we are *busy trying* to do, ...
c.　*How/when has the new group had no more success than the
Greenbackers ...?　　　　　　　　　　　（De Smet 2013: 104-105）

　以上のような性質を持つIPCがある時点において出現し始め、様々な述語
に拡散していることについて De Smet は次のように調査している。すなわ
ち、1850年から1922年までの期間及び1990年から1995年までの期間にお
いて、10の述語（be busy, spend time, be happy, be late, take turns, have
trouble, have difficulty, be engaged, be slow, be successful）に後続する IPC
の頻度と前置詞 in を伴う V-ing の頻度との割合を調査した。その結果で興味
深いのは1850年から1922年までの期間において高い頻度で前置詞 in が脱落
していた be busy や spend time のような述語もある一方、1990年から1995
年の期間において脱落するのが一般的になったhave troubleやこの期間にお
いても脱落することのない be successful のような述語もあることであ
る。[1] IPC が出現し拡散した要因について、副詞節の統語的再解釈（syntactic
reinterpretation）[2] によって IPC が出現し、意味的及びパラディグマティッ
クな類推（analogy）によって他の述語に拡散したと De Smet は議論して
いる。

---

[1]　意味的にほぼ同義の have trouble と have difficulty のようなペアにおいて、前置詞 in
の脱落頻度の差について検討の余地があることが査読委員によって指摘された。興味深い
テーマであり、今後の課題としたい。

[2]　De Smet は busy に後続する V-ing が分詞構文とも IPC とも解釈できる文を例示し、
IPC が出現した要因には分詞構文としての解釈から IPC としての解釈へと変化したことが
あるとしている。

（ⅰ）　Up, and to the office betimes; and there all the morning very busy, causing
papers to be entered and sorted, to put the office in order against the Parlia-
ment.
（De Smet 2013: 115）

2.3. 問題

　上述の先行研究は (in) V-ing における前置詞 in の脱落について、意味、形式、頻度など様々な観点から重要な示唆を与えている。しかし先行研究の指摘の通り、V-ing が単独で多くの述語に拡散しているとすると、従来は前置詞 in が脱落するとは考えられていなかった述語においても脱落することが考えられる。その場合、上記 (4) のような統語環境における前置詞 in の随意性・義務性やそれに伴う文の意味に関する疑問が生じるのは自然なことであり、この種のデータを記述することは語法研究上有意義であると考える。また、そのような記述は De Smet の言う IPC の拡散に関して新たな視点を与えることが期待される。類推によって IPC が拡散しているとしても、その拡散は完全にシステマティックで予測可能なものであるとは言い難く (De Smet 2013: 128)、例えば be engaged は意味的にもパラダイグマティックにも be busy と類推的な関係にあると思われるが、be engaged が IPC に後続される頻度は be busy とは異なり非常に低いことが De Smet によって示されたものの、その理由は明らかになっていない。

　本稿の目的は、これらの問題に取り組むために、play a role (in) V-ing における前置詞 in の随意性と義務性について記述し、IPC のメカニズムを視野に入れて考察することである。具体的には、前置詞 in が脱落する環境と生起する環境を記述し、IPC との関連について考察することである。本稿で扱うデータは電子コーパス、インターネット、辞書、書籍、及びインフォーマント（米国出身一名、加国出身一名）調査によって収集したものである。

3. play a role (in) V-ing に関するデータの記述

　この節では、play a role (in) V-ing における前置詞 in の随意性と義務性を示すデータを記述する。最初に、この構文において前置詞 in が脱落する頻度を電子コーパスで調査した結果を提示し、前置詞 in が随意的な環境を三点、義務的な環境を三点記述する。

3.1. 前置詞 in の随意性
3.1.1. 前置詞 in の脱落の頻度
　まず初めに、play a role (in) V-ing において前置詞 in が脱落する頻度がど

の程度であるかを確認する。使用した電子コーパスは The Corpus of Contemporary American English (COCA)、Corpus of News on the Web (NOW)、The 14 Billion Word iWeb Corpus (iWeb) の三つである。検索した文は role が修飾されていないパターンの二つ (play a Ø role in V-ing と play a Ø role V-ing) と role が形容詞によって前置修飾されているパターンの二つ (play a Adj role in V-ing と play a Adj role V-ing) の合計四パターンである。それぞれの検索式は [play] a role in _v?g*, [play] a role _v?g*, [play] [a] _j* role in _v?g*, [play] [a] _j* role _v?g* で、その結果は以下の表 1 の通りである。

表 1　play a role (in) V-ing の前置詞 in の脱落頻度のコーパス調査

	COCA	NOW	iWeb	Total
play a Ø role in V-ing	412 (99.0%)	4,677 (97.9%)	8,213 (98.1%)	13,302 (98.1%)
play a Ø role V-ing	2 (0.5%)	100 (2.1%)	160 (1.9%)	262 (1.9%)
play a Adj role in V-ing	552 (94.2%)	9,315 (97.1%)	15,595 (97.8%)	25,462 (97.4%)
play a Adj role V-ing	34 (5.8%)	281 (2.9%)	357 (2.2%)	672 (2.6%)

全体的に言えることは、role に対する形容詞の有無及びコーパスの種類に関わらず、前置詞 in が脱落する頻度は低いということである。逆に言うと、頻度は低いながらも前置詞 in が脱落する用例は存在することを示している。

3.1.2.　後置修飾語句による role の修飾

構造的複雑さと文法的明示性の関係について Rohdenburg (2002) は指摘するが、ここでは play a role (in) V-ing の role が後置修飾されている用例を挙げる。以下の (6) では role が関係節によって後置修飾されている。

(6)　a.　Given this theory, and the important role parents play in teaching personal finance topics and concepts and credit information to their children, it was predicted [...]

(COCA: ACAD 2011)

　　　b.　Given this theory, and the important role parents play teaching personal finance topics and concepts and credit information to their children, it was predicted [...]

（7） Rendezvous is proud of the role we played helping Campus Progress to lay the foundation [...]　(http://rendezvousconsulting.com/case-studies/center-for-american-progress-campus-progress/; 2017 年 9 月 1 日アクセス)

(6a) には前置詞 in が生起しているが、インフォーマントによると (6b) のように脱落することが可能であり、容認可能性や意味における差はないという。[3] 実際に (7) のように前置詞 in が脱落している用例も見られ、この文に前置詞 in が生起したとしても、容認可能性と意味に差はないという。

　同様のことは role を後置修飾するのが関係節以外の場合にも該当する。以下の (8) と (9) は不定詞と分詞による後置修飾の用例である。

（8） a. The media have an important role to play in creating this future [...]

　　 b. The media have an important role to play creating this future [...]
　　　（http://www.open.edu/openlearn/society/politics-policy-people /economics/has-robert-peston-caused-recession-social-amplification-performativity-and-risks-financial-markets/ 2017 年 7 月 11 日アクセス)

（9） a. Kula provides a useful illustration of the important role played by social ceremonies in sustaining both economic, social, and political relations.　　　　　　　(OSD)

　　 b. Kula provides a useful illustration of the important role played by social ceremonies sustaining both economic, social, and political relations.

以上から、play a role (in) V-ing の role が後置修飾されて構造的に複雑な場合においても前置詞 in は随意的であると考えられる。

---

[3]　前置詞 in の有無と意味との関係について、より多くの用例を検討すべきであるという趣旨の査読委員の指摘を受けた。今後の課題としたい。

3.1.3. 副詞句の介在

次に、play a role と (in) V-ing との間に副詞句が介在している場合である。以下の (10) で介在している副詞句は、(10a-b) では先行文脈の in the brain を指す there、(10c-d) では随伴を表す with 句、(10e-f) ではコンマを伴った therefore である。これらの文で前置詞 in が脱落しても、容認可能性と意味に差はないという。

(10) a. Vitamin D receptors are widespread in the brain, and it is likely that they play a role there in fighting off infection.

(iWeb)

b. Vitamin D receptors are widespread in the brain, and it is likely that they play a role there fighting off infection.

c. [...] these circumstances played a role with the trendsetting Swedish king in initiating the Turkish fashion.

(COCA: MAG 2006)

d. [...] these circumstances played a role with the trendsetting Swedish king initiating the Turkish fashion.

e. These "rich club" hubs (blue circles) probably play a major role, therefore, in merging the activity of various brain networks into the unified whole underlying consciousness.

(COCA: MAG 2014)

f. These "rich club" hubs (blue circles) probably play a major role, therefore, merging the activity of various brain networks into the unified whole underlying consciousness.

以上から、play a role と (in) V-ing の間に副詞句が介在した場合においても前置詞 in の生起は随意的であると考えられる。

3.1.4. 前置修飾語句による role の修飾

さらに、play a role (in) V-ing の role が修飾語句によって前置修飾されている場合である。単一の形容詞による前置修飾の場合だけではなく、[4] 以下の (11) のように複数の語句によって前置修飾されている場合でも前置詞 in

が脱落している用例が見られる。これらの文で V-ing の直前に前置詞 in が生起しても容認可能性と意味に差はないという。

(11) a. Thus, it was clear from our analysis that NAQC's NAO played an important and central role linking quitlines, [...]
(COCA: ACAD 2012)

b. [...] 7-year-olds and 9-year-olds can play a really important role helping us invent the solutions for other kids and other grownups in the future. (COCA: SPOK 2015)

c. Philanthropies play a unique and important role supporting innovative experiments that, when successful, often become the basis of future government policy. (https://philanthropy. washingtonmonthly.com/; 2018 年 6 月 28 日アクセス)

以上から、play a role (in) V-ing の role が修飾語句によって前置修飾されている場合でも前置詞 in は随意的であると考えられる。

3.2. 前置詞 in の義務性
3.2.1. (in) V-ing における WH 移動

上述のように前置詞 in が随意的な環境が認められる一方で、その生起が義務的な環境も存在する。まず、(in) V-ing の句において WH 移動を適用する場合は前置詞 in は義務的である。以下の (12a) の a product that I had played my own role in creating では creating の目的語の a product が抜き出されて関係節の先行詞になっている。このような移動の場合において前置

---

[4] COCA による検索でヒットした play a Adj role in V-ing タイプの 552 例と play a Adj role V-ing タイプの 34 例において出現した形容詞と頻度は次の通りである。前者は important (194 例)、key (108 例)、major (80 例)、crucial (64 例)、significant (55 例)、vital (17 例)、big (12 例)、pivotal (9 例)、seminal (9 例)、large (4 例) だった。後者は important (10 例)、pivotal (6 例)、key (5 例)、critical (2 例)、major (2 例)、prominent (2 例)、crucial (1 例)、heroic (1 例)、large (1 例)、new (1 例)、significant (1 例)、supporting (1 例)、vital (1 例) だった。

詞 in は義務的であり、脱落すると (12b) のように非文になる。また、(13)
が示す通り、(in) V-ing の句における WH 疑問化も同様の結果となる。

(12)　a.　That rat had been given a product derived from human em-
　　　　　 bryonic stem cells — a product that I had played my own role
　　　　　 in creating.　　　　　　　　　　　　　　　　(COCA: MAG 2011)

　　　 b.　*That rat had been given a product derived from human em-
　　　　　 bryonic stem cells — a product that I had played my own role
　　　　　 creating.

(13)　a.　What did he play a role in preparing?

　　　 b.　*What did he play a role preparing?

以上から、play a role (in) V-ing の (in) V-ing で WH 移動を適用した場
合において前置詞 in は義務的であると考えられる。

3.2.2.　(in) V-ing の動作主の解釈

　次に、(in) V-ing の動作主がその直前に明示的に表れていない場合、前置
詞 in が脱落すると容認可能性が低下するケースがある。

(14)　a.　Money plays a role in measuring happiness.

　　　 b.　?Money plays a role measuring happiness.

(15)　a.　Money plays a role in helping you find more happiness.

　　　 b.　Money plays a role helping you find more happiness.

(14) は「お金は幸福を測る役割を果たす」という意味であるが、(14b) のよ
うに前置詞 in が脱落すると容認可能性が低下する。その理由は、この文で前
置詞 in が脱落すると V-ing の動作主は主節主語であると解釈され、お金が計
測という行為を行うという不自然な状況が想起されるためだと考えられる。
それに対し、(15) は、主節主語は (14) と同じだが前置詞 in が脱落しても容
認可能である。(15) は「お金はより多くの幸福を見つけるのを手助けする役
割を果たす」という意味で、(14b) の場合とは異なり、お金が手助けという
行為を行うという解釈は英語母語話者にとっては不自然ではないからだと考
えられる。以下の (16) は (14) に類似したペアである。

(16) a. [...] owning a cat during pregnancy and in childhood doesn't play a role in developing psychotic symptoms during adolescence. (https://www. usatoday.com/story/news/2017/02/22/short-list-wednesday/98242202/; 2018 年 7 月 5 日アクセス)

 b. *[...] owning a cat during pregnancy and in childhood doesn't play a role developing psychotic symptoms during adolescence.

(16) における V-ing の develop は「（病気など）になる、かかる」（G^5）の意味であり、通常その動作主は有性物である。それにも関わらず、（16b）のように前置詞 in が脱落すると V-ing の動作主が owning a cat だと解釈され容認不可能となると考えることができる。

　以上から、(in) V-ing の動作主が主節主語であると解釈される際に意味的な不自然さが想起される場合は前置詞 in は義務的であると考えられる。

3.2.3.　(in) V-ing の動作主の明示化

　最後に、(in) V-ing の動作主が明示的な場合において、前置詞 in は義務的である。以下の (17) は「Bob は喫煙し Karl は喫煙しなかった事実は彼らが肺がんになった / ならなかったことに役割を果たしていない」という意味で、V-ing の動作主が対格代名詞で明示されている。このように V-ing の動作主が明示的な場合に前置詞 in が脱落すると (17b) のように非文となる。V-ing の動作主が属格代名詞で明示されたとしても (18b) が示すように非文となる。

(17) a. The fact that Bob smoked and Karl didn't doesn't play a role in them getting/not getting lung cancer.　　　　　(iWeb)

 b. *The fact that Bob smoked and Karl didn't doesn't play a role them getting/not getting lung cancer.

(18) a. In fact, my admiration for him may well have played a role in my later choosing geriatrics as my area of specialisation in medicine.　　　　　(*OSD*)

 b. *In fact, my admiration for him may well have played a role my later choosing geriatrics as my area of specialisation in medicine.

以上から、(in) V-ing の動作主が明示的な場合において前置詞 in は義務的であると考えられる。次節では、本節で見た前置詞 in の随意性と義務性について考察する。

4. 考察

本節では、play a role (in) V-ing における前置詞 in の随意性と義務性の記述について、De Smet の言う IPC との関連で考察する。

play a role (in) V-ing の前置詞 in は、基本的には脱落可能であると言えると思われる。上記 3.1.1. のコーパスによる調査結果が示す通り前置詞 in が脱落する頻度自体は非常に低い。それにも関わらず、構造的に複雑な環境においても前置詞 in が脱落する用例が存在すること、前置詞 in が生起している文からの脱落が容易であり文の意味に影響しないケースもあることを考慮すると、前置詞 in は構造的に随意的であると考えられる。それが意味することは、この構文での V-ing は IPC としての性質を帯びているという可能性である。ただし以下で見るように、この V-ing は完全に IPC であるとは言えない。IPC は段階的なものであり、play a role (in) V-ing の V-ing は IPC としての性質は相対的に弱いと考えられるからである。このことを示すために、IPC の頻度に関する De Smet の調査(上記 2.2. を参照)における IPC の生起頻度の高さを IPC としての性質の強さだと仮定し、IPC の生起頻度の高い spend と have trouble 及び生起頻度の低い be successful と比較しながら考察する。

これら四つの述語は、共起する IPC/V-ing からの WH 移動を適用すると、容認可能性は次のようになる。

(19)　　a.　*That's what we spent most of our time in working on.[5]

5　査読委員の指摘により、(19a) の容認可能性について再度確認した。さらに二名のインフォーマント(両者とも米国出身)の協力を得て計四名に判断を仰いだ。その結果、容認可能性がやや低下すると判断したのが一名で、その他の三名は非文であるとした。

b. That's what we spent most of our time working on.

　　　(R. J. Palacio, *Auggie & Me: Three Wonder Stories*)

(20) a. You had no idea of the trouble I had in getting here from Washington.

　　b. You had no idea of the trouble I had getting here from Washington. 　　　(COCA: FIC 1996)

(21) a. [...], guys should do what they're going to be most successful in doing.

　　b. ?[...], guys should do what they're going to be most successful doing. 　　　(iWeb)

(22) a. That rat had been given a product derived from human embryonic stem cells — a product that I had played my own role in creating. 　　　(= (12a))

　　b. *That rat had been given a product derived from human embryonic stem cells — a product that I had played my own role creating. 　　　(= (12b))

最も IPC らしい (19) では前置詞 in が生起すると非文で、脱落すると容認可能であり、(20) は前置詞 in が随意的である。IPC としての性質が弱い (21) は前置詞 in が脱落している用例 (21b) は存在するものの、容認不可能であると判断したインフォーマントもいた。(22) は (19) の逆である。つまり、play a role (in) V-ing の V-ing は be successful のそれに近似している。

　また、これら四つの述語は IPC/V-ing の動作主についての以下の (23) で示される違いがある。spend と have trouble の IPC の動作主は通常主節主語に限定されている。これは、spend が「＜人が＞…するのに＜時間＞を費やす、かける、使う」(G^5) を意味し、have trouble が「…するのに苦労する」(W^3) を意味することから、IPC の表す動作を行うのは主節主語である。実際、以下の (23a-b) が示すように、主語が明示的な場合は生起した文は前置詞 in の生起・脱落に関わらず非文であり、(23c-d) とは対照的である。

(23) a. *Masao was spending his vacation (in) John('s) working at the Matsumoto factory in Tokyo. 　　　(大室 1988: 47)

b. *We had trouble (in) John('s) shooting the gorilla.

c. Dr. Harper has stated that the Veteran and his wife have not been successful in her getting pregnant, [...] (https://www.va.gov/vetapp11 /files1/1101661.txt/; 2018 年 6 月 29 日アクセス)

d. The fact that Bob smoked and Karl didn't doesn't play a role in them getting/not getting lung cancer. (= (17a))

「…において成功する」と「…において役割を果たす」を意味する be success-ful と play a role (in) V-ing の場合は、IPC/V-ing の動作主は主節主語だけではなく IPC/V-ing の直前に示される明示的な主語の可能性も意味的には考えられる。そのため、動作主の明示性と前置詞 in の生起について次のパターンがある。まず V-ing の動作主が主節主語と一致する場合は非明示的で前置詞 in は脱落可能であるパターン、次に V-ing の動作主が主節主語と一致せずにかつ非明示的（つまり漠然と一般の人を指す）であり前置詞 in が義務的なパターン、最後に V-ing の動作主が主節主語と一致せずにかつ明示的な場合に前置詞 in が義務的なパターンの三つである。つまり、be successful と play a role (in) V-ing は意味的に前置詞 in の生起・脱落が決定されるため、前置詞 in が単純には脱落できないと考えられる。

　以上から次の可能性が考えられる。play a role (in) V-ing のように V-ing の動作主が明示化されうる述語は IPC と共起しづらく、前置詞 in が V-ing と共起するということである。逆に、spend のように V-ing の動作主が主節主語に限定されている述語の場合は、前置詞 in が脱落して IPC と共起するということである。このことが IPC の述語間の（非）拡散に影響を与えているかもしれない。

5. 結論

　本稿では play a role (in) V-ing における前置詞 in は、構造的に複雑な環境でも随意的である反面、一定の環境では前置詞 in が義務的であることを記述した。用例における出現頻度は少ないながらも前置詞 in が脱落できることから、この構文での V-ing は IPC であるように思われるが、IPC は段階的な

ものであり、この V-ing は相対的に IPC らしさが弱いことを他の構文と比較しながら確認した。ある述語において IPC を許すか否か（前置詞 in が脱落するか否か）には V-ing の動作主決定という意味的な要因もあり、それが IPC の拡散との関連がある可能性を指摘した。個々の用例及び構文のより詳細な議論及び言語事実を説明できる文法理論の構築は今後の課題としたい。

参考文献

阿戸昌彦．2009．「long (in) V-ing について」『英學論考』第 38 号，15–20.

阿戸昌彦．2013．「前置詞 in の脱落とその影響：Busy (in) V-ing の場合」『英學論考』第 42 号，1–28.

阿戸昌彦．2014．「Have NP V-ing タイプの ICP の成立」『英學論考』第 43 号，15–38.

Arai, Y. 1997. "A Corpus-Based Analysis of the Development of '*In* Dropping' in the *Spend Time in V-ing* Construction." In M. Ukaji, T. Nakao, M. Kajita and S. Chiba eds., *Studies in English Linguistics: A Festschrift for Akira Ota on the Occasion of His Eightieth Birthday*. 181–196. Tokyo: Taishukan Pub.

Davies, M. 2008-. *The Corpus of Contemporary American English (COCA): 560 million words, 1990-present*. Available online at https://corpus.byu.edu/coca/. (COCA)

Davies, M. 2013. *Corpus of News on the Web (NOW): 3+ billion words from 20 countries, updated every day*. Available online at https://corpus.byu.edu/now/. (NOW)

Davies, M. 2018-. *The 14 Billion Word iWeb Corpus*. Available online at https://corpus.byu.edu/iWeb/. (iWeb)

De Smet, H. 2013. *Spreading Patterns: Diffusional Change in the English System of Complementation*. Oxford: Oxford University Press.

De Smet, H. 2015. "Participle Clauses between Adverbial and Complement." *WORD* 61–1, 39–74.

Rohdenburg, G. 2002. "Processing Complexity and the Variable Use of Prepositions in English." In H. Cuyckens and G. Radden eds., *Perspectives on Prepositions*, 79–100. Tübingen: Max Niemeyer Verlag.

大室剛志．1988．「英語における半動名詞構文について」『言語文化論集』第 10 巻第 1 号，45–65.

大室剛志．2015．「動名詞から分詞への変化：動詞 spend の補部再考」深田智，

西田光一，田村敏広（編）『言語研究の視座』，154-171. 東京：開拓社.
住吉誠. 2017.「フレーズと補文：フレーズ補文の実態解明をめざして」『摂大人文科学』第 24 号，107-126.

辞書

G^5:『ジーニアス英和辞典 第 5 版』
LDCE[6]: *Longman Dictionary of Contemporary English 6th edition.*
OSD: *Oxford Sentence Dictionary.*
W^3:『ウィズダム英和辞典 第 3 版』

（旭川医科大学）

yasukuwa@asahikawa-med.ac.jp

by now の意味・用法の記述

平 沢 慎 也

1. イントロダクション

本稿は以下の (1) に例示した by now というイディオムの抽象的な意味と具体的な用法を記述することを目的としたものである。[1]

(1) a. Danny: Chicago? Didn't they have a really big fire there?
    Vicky: It was over a hundred years ago. I'm sure it's out **by now**.

(*Full House*, Season 5, Episode 15, Play It Again, Jess)

   b. Presumably Potter is well prepared **by now** and could do with a good night's sleep.

(映画 *Harry Potter and the Goblet of Fire*)

ただし、by now の事例のうち、now が過去を指す例、つまり過去時制の節で用いられている例 (e.g., *It was obvious by now that there was no hope*) は除き、now が発話時を指す例、つまり現在時制と共起している例のみを扱うことにする。ここには上の (1) だけでなく以下の (2) のような例も含まれる。

(2) a. Q. I lost my passion and love for movies. How do I get it

---

[1] 査読者の一人の用語法では、「イディオムは、通例、内部構造に対応したのでない、予測不能な、一つの意味を持つものだ」とのことであるが、本稿で言うところのイディオムとは、構成要素とその結合のあり方から完全には予測されないような振る舞いを示す複合的表現を指す。本稿の用語法では、構成要素の意味と全体の意味との対応が kick the bucket「くたばる」ほど崩れているわけではない表現でも、イディオムと呼びうる。この考え方の妥当性や学術的意義については Taylor (2012) の第 4 章と第 5 章を参照されたい。

back? (Romolo Perriello, New York City)

A. Start all over again at the beginning. First Buster Keaton, then Chaplin, then you might be feeling good enough for the Marx Brothers. They made a movie with Marilyn Monroe ... and **by now**, you're back in the swing.

(http://www.rogerebert.com/answer-man/movie-answer-man-03122000)

    b.   It is late in the day **by now**, not yet dusk but no longer afternoon, the twilight hour of slow changes, of glowing bricks and shadows.   (P. Auster, *Ghosts*)

(2) にあるようなシナリオの現在時制や小説の現在時制は、従来、「非現在的」もしくは「無時間的」とされてきた (Quirk et al. 1985: 181–183) が、本稿では Langacker (2001) の説を採用し、こうした用例も発話時を参照時としていると考え、分析対象に含める。

　本稿の構成は以下の通り。2節で by now の上位に存在する by [TIME] という構造の記述として平沢 (2014) を紹介する。3節では by now の特殊性 (by [TIME] からの予測不可能性) を示す言語事実を提示し、by now がイディオムであることを確認する。4節では文法書に見られる by now についての誤解を紹介する。5節では by now の意味と用法に関する筆者の説を提示する。本稿の記述が、4節で見た誤解に陥らず、3節の問題を含め様々な言語事実を説明するものであることを示す。5節は結語である。

2. by [TIME] の記述

　平沢 (2014) によれば by [TIME] は (i) 話し手にとって [TIME] が時間軸上の心的走査の終点 (時間軸に沿って過去側から未来側へ目を走らせた終点) であり、(ii) その [TIME] において、ある状態 (正確には by [TIME] が修飾する動詞句が指示または含意する状態) が成り立っているのが観測されるということを語るときに用いられる。

　(i) の時間軸上の心的走査は、(3) のように状態変化と結びついていることが多いが、(4) のように状態の継続と結びついている場合もある。

（ 3 ）　He was just too huge. [...] so fast was his body growing. At night he'd go to sleep in a bed made to his size by a woodsman, and **by morning** his feet would be hanging over the edge.

(D. Wallace, *Big Fish*)

(4) I almost never saw the sign with its neon lit; my parents took me there for early summer dinners, and even **by the time we left** [...] the sky was still bright. (B. Cooper, "Burl's")

(ii) については、by [TIME] が非状態性動詞句を修飾している場合であっても、[TIME] において成り立っているのが観測されるのは「状態」であることに注意が必要である。たとえば *You must get back by five* という文では by five は get back という非状態性動詞句を修飾しているが、ここで義務付けられているのは5時の時点で「再びここにいる」という状態 (get back により含意される状態) が成立していることである (*You must <u>be</u> back by five* と言うのと実質的な違いはない)。

(ii) については「観測される」という点も重要である。たとえば (3) の [TIME] つまり morning が指しているのは、身体が大きくなっていってベッドから足がはみ出すという変化が完了する時点ではなく、足がはみ出しているところが観測される時点である。

3. by now の特殊性

本節では、by now の特殊性を2節で示した by [TIME] の性質と対比する形で、具体的に3点示しておきたい。まず、by now 以外の by [TIME] 表現は事実を語るのに用いることができるけれども、by now で事実を語ると不自然になることがある。(5a) と (5b) を比較されたい。話し手は Susan の親で、聞き手は事情聴取か聞き込み調査をしている警察官だとする。話し手は Susan と同居しており、Susan が家にいるときには Susan が家にいるということを事実として知ることができるものとする。警察への報告文として (5b) は (5a) に比べてやや不自然である。[2]

---

[2] 本稿の例文のうち、小説やドラマ、映画などからの引用以外のものは全て筆者または英語母語話者のインフォーマント2名の作例で、容認性判断はそのインフォーマントによるものである。

by now の意味・用法の記述　　　　91

（5）　a.　Susan left the store at 5:30 and **by six** she was home.

　　　 b.　?Susan left the store at 5:30 and **by now** she is home.

ところが、(6) のように should や probably などの推量表現を入れると、自然になる（話し手は Susan と一緒に住んでいない人という設定にしよう）。

（6）　a.　Susan left the store at 5:30 and **by now** she <u>should</u> be home.

　　　 b.　Susan left the store at 5:30 and **by now** she is <u>probably</u> home.

この特徴は by now 以外の by [TIME] 表現には見られない。(5a) はそのままで十分自然である。

　第二に、by now は長時間の経過を示唆する文で用いられるという特徴がある。特に文脈がつかなければ、be used to ... により長時間の経過がかかわっていることを示している (7a) のほうが、そうでない (7b) よりも自然に響く。

（7）　a.　I'm used to that **by now**.

　　　 b.　?I've noticed that **by now**.

これは by [TIME] から予測される特徴ではない。(8) と (9) を比較されたい。両文の b では、we all により、話が息子のお父さんに、弟に、おばあちゃんに…と伝わっていく様子が想起される。[3] この想起がないと、(8a) の通り by now は自然に響かない。一方 (9a) のように by the time ... (by [TIME] の比較的イディオム性の低いインスタンス) の場合にはその想起はなくても構わない。

（8）　学校から帰宅した息子に母親が言うセリフとして：

　　　 a.　?<u>I</u> know what you did in class today **by now**.

　　　 b.　<u>We all</u> know what you did in class today **by now**.

（9）　a.　<u>I</u> knew what my son did in class that day **by the time he came**

---

[3]　all がなければ（we だけでは）この想起は発生しないとまでは言えないが、all によりこの想起がしやすくなっている。5.4 節を先取りした言い方をすれば、all が by now の「非推量・累積用法」の知識を活性化することを促しているということである。

back from school.

b. We all knew what my son did in class that day **by the time he came back from school**.

第三に、2 節で見たように by now 以外の by [TIME] 表現では継続の用法が認められるが、by now を継続用法で用いるのは不自然である（e.g., ?*She should still be home by now.*）。

以上 3 つの言語事実を見るだけでも、by now は by [TIME] と now の足し合わせから完全には予測されないイディオムであることが分かる。[4]

4. by now に関する誤解

ここでは Quirk et al. (1985) と Leech and Svartvik (2002) の記述を紹介する。筆者の知る限り、by now の意味について明示的に何かしらを述べている学術的な文献はこの 2 つのみである。しかし彼らの記述には、2 つの誤解が含まれている。そのそれぞれを筆者は「推量説」と「already 説」と呼ぶ。

4.1. 推量説

筆者が「推量説」と呼ぶのは、by now は不確かなことについて語るのに用いられるものであり、推量表現と共起することが義務的であるという、誤った説のことである。Leech and Svartvik (2002) は、by now は話者に確信がないときに使うもので、確信があるときは already を使うと明示的に述べている。

(10) a. The wound should have healed **by now**. (... but I'm not sure)

(Leech and Svartvik 2002: 87)

---

[4] 査読者の一人から、この節で述べている by now と by [TIME] の違いは、すべて、now の直示性と [TIME] の非直示性から予測できるのではないか、という指摘をいただいたが、直示性と非直示性の何がどうなって予測されるのかの論理構築を提示されない限り、筆者には賛成も反対もできない。「今のところ、筆者にはその論理をこじつけなく構築することはできていない」「筆者が相談・議論した研究者の誰もそのような論理は構築できなかった」としか答えようがない。相手の論理が見えていない現状でこれ以上の返答をしても、それは学術的な返答とは言えないだろう。

by now の意味・用法の記述　　　　93

　　　b.　We've **already** done everything we can.

　　　　　　　　　　　　　　　　　　　(Leech and Svartvik 2002: 87)

確かに、by now が不確実性や推量と結びついた表現と共起することは多い。
しかし、もっと断定的で非推量的なコンテクストで by now が用いられるこ
とも多い。1 節で見た (2) がそうである。例をさらに追加しよう。

(11)　a.　Staton:　　I'm so sorry I woke you.
　　　　　　Ruddick:　Listen, **by now** I'm used to you.　So what is it to-
　　　　　　　　　　　night? (*Columbo*, Episode 62, It's All in the Game)
　　　b.　As godfather to the boy and longtime friend of the father,
　　　　　Renzo has been participating in this grim saga for seven
　　　　　years, and **by now** there is little of anything left to say.

　　　　　　　　　　　　　　　　　　　　(Paul Auster, *Sunset Park*)

　　　c.　Twelve years.　What have you been doing with yourself
　　　　　since ... since I retired you?
　　　　　Traveling, mostly.　**By now**, I've visited nearly every coun-
　　　　　try in the world.　　　　(P. Auster, *Travels in the Scriptorium*)

さらに、推量が関わっているにもかかわらず by now が容認されないコンテ
クストを作ることもできる。たとえば (12) を見てみよう。

(12)　?I saw John at work a couple of hours ago.　But he must be home
　　　by now, since the lights are on.[5]

by now と by [TIME] の違いが単に推量要素の有無なのだとしたら、(12) で
by now が不自然に響くことの説明がつかない。というのも、ここには「2 〜
3 時間前」を始点とし発話時を終点とする心的走査が関わっており（2 節の by
[TIME] の性質 (i) 参照）、かつ発話時におけるジョンの帰宅状態が語られ（2
節の by [TIME] の性質 (ii) 参照）、それが断定でされるのではなく推量され
ているからである。
　推量のコンテクストで by now を already と比較するとさらに面白い。

――――――――――
[5]　by を削除すれば自然な英文になる。

(13) Many over-the-counter drugs can be replaced with herbs; in fact, they are often safer, and certainly cheaper. These plants are often free, and they require little care except keeping out choking grass (after all, they are weeds). Without knowing it, you may [**already** have started your garden pharmacy/?have started your garden pharmacy **by now**].

(13) では may が認識的用法で用いられており、推量が関わっていることは確実である。にもかかわらず、by now が不自然に響くのである。一方、already は自然に響く。この言語事実は、by now を already の推量版のように捉える Leech and Svartvik (2002) の発想が誤っていることを示している。[6]

4.2. already 説

Quirk et al. (1985) と Leech and Svartvik (2002) は、by now と already に範列 (paradigm) の関係が成り立っていると考えているようである。Quirk et al. (1985: 581) は、「already は時間関係 ('by now') と、その成立に対するいくらかの驚きの両方を表す」と述べている。また、彼らは (14b) を (14a) のパラフレーズとして挙げている。

(14) a. Haven't you seen him **already**?　　(Quirk et al. 1985: 580)
　　 b. Surely you have seen him **by now**?　(Quirk et al. 1985: 580)

Leech and Svartvik (2002) は、既に見た通り、by now を already の推量版として扱っている。このことは、彼らもまた by now と already を同じカテゴリーに属するものと想定しているということを示唆している。

　by now と already が潜在的には交換可能であるという考え方が誤りであることは、次のように already と by now を同一センテンス中で用いることができるということから分かる。

---

[6]　実際、(13) の引用元のウェブページでは、already が用いられている。(http://www.motherearthnews.com/natural-health/plants-for-health-conditions-zmaz95jjztak.aspx?PageId=6#axzz37g645Kwa).

(15) a. [...] the shoes, the gun, the car, everything's **already** long gone **by now**.

b. [...] 3 million more Americans would **already** be back at work **by now**. (a, b ともに COCA)

これらの例から、by now と already は時間表現として異なるカテゴリーに属すると結論づけられる。

ここで言うカテゴリーとは Quirk et al. (1985: 481-482, 526-555) による時間副詞類の四分類を指す。彼らの掲げるカテゴリー名と例は以下の通り。

(16) Quirk et al. (1985: 481-482, 526-555) による時間副詞類の四分類

a. 位置 (POSITION)：e.g. *on Sunday, last week, now*

b. 期間 (DURATION)：e.g. *till next week, since last week, for three weeks*

c. 頻度 (FREQUENCY)：e.g. *frequently, three times*

d. 関係 (RELATIONSHIP)：e.g. *still, already, by now*

彼らが already と by now を「関係」という同じカテゴリーに分類していることに注目しよう。彼らの定義によれば、このカテゴリーには、ある時と別の時の関係を表す副詞が含まれる (Quirk et al. 1985: 482)。筆者の考えでは、by now と already がともにこの「関係」のカテゴリーに属すると考えるのは大きな誤りである。確かに already は、アスペクト的な意味を伝達し、時間軸上の位置を指定しないため、「関係」の副詞であると言ってよいだろう。しかし by now は時間軸上の位置を指定する「位置」の副詞である。具体的には、by now は now と同じ時点を指示する。たとえば *Come on, Sandra, you should know that by now.* と言う場合には、Sandra はこの文の発話時において know that していることを期待されているのである。この考え方が妥当であることは、by [TIME] の構造を取った表現一般が [TIME] における状態を語るために用いられる (2 節) ことから容易に理解されるはずであるが、以下の議論によりさらに補強することができる。

(17) a. **By now**, the method is well-established.

b. The method is well-established **now**.

c. **By now**, the method is **already** well-established.

d. The method is **already** well-established **now**.

e. ***By now**, the method is well-established **now**.

(17a), (17b) からこの状況は by now も now も使える状況だと分かる。そして (17c), (17d) が示すように、これらの状況で by now も now も already と共起できる。しかし (17e) が示すように by now と now を一緒に使うことはできない。これは、同一センテンス中に発話時を指示する副詞が二つ存在していることになり、概念的な重複があまりにも大きいからだと考えれば——つまり by now も now も「位置」の時間副詞なのだと考えれば——説明がつく。[7] 一方 already と by now の両方を含む (17c) が容認可能なのは、already と by now は異なるカテゴリーに属するからだと考えれば説明がつく。

5. by now に関する本稿の分析

5.1. 抽象的意味と典型的な用法

本稿は by now の意味と用法について以下の記述を提示する。

(18)　　by now の全用法に共通の抽象的意味

　　　　by now は、発話時における何らかの状態を、長い時間の経過とともに何かが高まっていった結果として提示する。[8,9]

---

[7]　査読者の一人から、I'm hungry now at 2 o'clock. は「同一センテンス中に発話時を指示する副詞が二つ存在してい」て「概念的な重複があまりにも大きい」が OK である、という指摘をいただいたが、筆者には、直示表現でない at 2 o'clock と直示表現である now が本当に（またはどの程度）重複しているのか判断できない。少なくとも、ともに直示表現である by now と now の方がよりはっきりした意味で（またはより高い程度）重複しているということは言えるのではないだろうか。

[8]　意味が by [TIME] に比べて狭まっていることに注意されたい。by [TIME] では心的走査があればよく、変化か継続かは問われなかったのが、by now の場合には変化に限定される。また、by [TIME] では心的走査される時間幅は問題にならなかったが、by now では長時間の経過が関わる。by now がこのように狭い意味を持つ形で定着した経緯については未調査である。

[9]　査読者の一人から、前置詞 by と「話者・現在」の直示の意味の now が、語用論的に合成された（あるいは解釈された）意味というふうにしか見えない、との指摘をいただいたが、これについても脚注 4 と同様の返答しかしようがない。

(19)　a.　by now の意味の具現化としての典型的用法1：推量用法

by now は、推量表現と共起し、「現時点で、ある状態がもう成り立っているはずだ [だろう、かもしれない]」ということを述べるのに用いられることが多い。ただし、その推量は、(i) その状態の成立可能性は時間の経過とともに高まるものであるという知識と、(ii) 発話時までに十分な時間が経過しているという判断、の二つから導き出されたものでなければならない。肯定文で用いられる。

　　　　b.　by now の意味の具現化としての典型的用法2：非推量・累積用法

by now は、ある状態の成立を (推量の入り込まない) 事実として提示するのにも用いられる。「何かの程度や数量が時間の経過とともに増していったという事実があり、その結果として、現時点である状態が成り立っている」ということを述べるような場合である。肯定文で用いられる。

by now は抽象的意味 (18) を持ち、それが典型的には (19) に示した2つの形で具現化すると考える。[10,11] 本節ではこの記述の説明力の高さを示す。

5.2.　データの収集方法

以下、先行研究で挙げられた例文や、筆者が小説やドラマから収集した例も分析するが、頻度について調べるにはそれだけでは分量が足りないので、アメリカ英語コーパス COCA のデータも利用する。COCA に含まれている by now の例文を全て抽出すると7159例になる (2013年11月21日検索)。ということは、COCA 内の by now という二語の連続についての言語事実

---

[10]　非典型用法については脚注16を参照。

[11]　査読者の一人によればイディオムは意味・用法ともに1つしか持ってはならない (ので5節のように複数の用法を認定するのはおかしい) とのことであるが、筆者の考えでは、(イディオムに限らず) いかなる言語的カテゴリーも複数の意味・用法を持つ可能性に開かれているからこそ、言語はコミュニケーションの手段として機能できている (詳細は Scott-Phillips (2015) を参照されたい) のであり、「○○は意味・用法ともに1つしか持ってはならない」という考え方を採ることに利点はないと思われる。

は、ランダムサンプリングで365例を抽出すれば正しく反映されることになる (Drott 1969)。[12, 13] そこで筆者は、COCA に内蔵されているランダムサンプリング機能を用いて365例を抽出し、手作業でノイズを取り除いた。その結果、by now の用例235例（肯定文224例、否定文11例）を得た。以下、これを「by now データベース」（ないし単に「データベース」）と呼ぶ。

5.3. 推量用法

まず by now が推量用法で用いられた場合について分析する。Leech and Svartvik (2002) から予測されることとは裏腹に、推量の要素を含む (12), (13)（以下に (20), (21) として再掲）で by now を用いると不自然になる。

(20) ?But he must be home **by now**, since the lights are on.

((12) の一部)

(21) Without knowing it, you may [**already** have started your garden pharmacy/?have started your garden pharmacy **by now**].

((13) の一部)

---

[12] ただし、コーパスに記録されているデータそれ自体が、無限で数えようのない現実世界の言語事実にランダムサンプリングをかけた結果のようなものであるから、そこにさらにランダムサンプリングをかけることに関して、果たしてそれで代表性が保たれるのかという問題がある。そのため、筆者はこの節の分析を厳密な統計的議論として提示することができない。

[13] 査読者の一人から「語法文法研究では、統計的処理をすることが妥当かどうか疑問」という指摘をいただいたが、これの意味が「語法文法研究という分野で表現を評価する方法として利用してよいのは、母語話者の容認性判断のみである」ということなのだとしたら、筆者には、そのような制約が語法文法研究という分野をより豊かにするとはとても思えない。Bybee and Eddington (2006) が実証的に論じているように、話者の容認性判断は話者がそれまでに触れてきた言語の集積との類似性判断としての側面を多分に持つ。ということは、コーパスという実際の言語の集積にどのような傾向があるかを知ろうとすることは、話者がどのような容認性判断を下すかを知ろうとすることに非常に近いということになる。このこととあわせて、「母語話者のインフォーマントが真実の全てを感じ取って全てを語ってくれる保証もなければ、特定のコーパスを利用して言語の全てが分かる保証もない」ということを考えると、容認性判断と統計的分析の両方を使ってできるかぎり多くのことを知ろうとするのは至極当然の姿勢と言えるのではないか。この姿勢を積極的に禁じることによりある分野が良くなるということはほぼありえないように筆者には思われる。

このことは記述 (19a) で正しく捉えられる。両例における話し手の推量が by now を認可しないのは、その推量が (i) と (ii) を根拠としたものではないからである。たとえば (20) で John は帰宅しているだろうと話し手が思っているのは、発話時において電気がついているからである。[14] (21) で推論の根拠となっているのは「ハーブは庭に勝手に自生しうる」という知識である。いずれの英文の推量も可能性増加と時間経過を根拠にしていない。

Quirk et al. (1985) と Leech and Svartvik (2002) で挙げられている例文が自然であるのも、推量という要素それ自体のためではなく、そこで関与している推量が可能性増加と長時間経過を根拠にしたものだからである。たとえば (10a) の *The wound should have healed by now.* (*... but I'm not sure*) は、文脈がついていないこともあって、(i) と (ii) を根拠とした推量の文として容易に解釈できる。傷が治っている状態が成立する可能性は、一部の悪質な傷を除けば、怪我をしてからの時間が長くなればなるほど高まるものである。そこに、「怪我をしてからもう随分と時間が経った」という判断が加われば、(10a) のような推論が導かれる。このように (10a) で by now の使用が認められるのは、単に推量が関わっているからではなく、その推量の根拠が (i) と (ii) にあると容易に解釈できるからなのである。

　頻度について言うと、データベース内の by now の用例 235 件のうち推量用法は 122 件で、これは約 51.9％にあたる。[15]

5.4. 非推量・累積用法

　(19b) の記述により、by now の非推量用法を適切に捉えることができる。上で挙げた非推量用法の例 (2), (11) を (22), (23) として再掲する。

(22)　a.　... and **by now**, you're back in the swing.　　　((2a) の一部)

---

[14]　since 以降を since he left the office an hour ago に書き換えると自然になるが、これは書き換えにより「帰宅状態が成立している可能性は時間経過に伴って増すものだ」という知識と「現在の時点で既に十分な時間が経過している」という判断を組み合わせるタイプの推論に変わるからからである。

[15]　by now と 2 回以上共起している推量表現は、生起回数順に、would (34), should (20), must (15), probably (11), could (6), think (6), may (5), hope (5), ought to (3), might (2), perhaps (2), certainly (2), believe (2), guess (2), suppose (2), will (2) である。

b. It is late in the day **by now** [...]   ((2b) の一部)

(23) a. Listen, **by now** I'm used to you.   So what is it tonight?

((11a) の一部)

b. [...] and **by now** there is little of anything left to say.

((11b) の一部)

c. **By now**, I've visited nearly every country in the world.

(11c) の一部)

これらの例で by now の文が表している状態は、それぞれ、映画愛を取り戻
している程度、時刻が正午から離れている度合い、夜中に起こされる経験値、
話すべき話題でまだ話していない話題の少なさ、訪れた国の数、といったも
のが時間の経過とともにどんどん高まっていったことの結果であると解釈さ
れる。非推量用法は累積解釈と結びついているのである。

累積解釈は nearly every や be used to といった言語表現により明示され
ることもあるが、文脈によって示唆されるだけの場合もある。

(24) A few years ago, I found him crying his heart out in front of a
building in the West Village and brought him home.   **By now**, I've
more or less adopted him.   (P. Auster, *The Brooklyn Follies*)

人を養子にする (法的) プロセスは通常であれば累積的なものではない。しか
し、この文脈における「養子」はある種の誇張または例え話のようなものであ
る。養子にした場合と変わらないくらいに仲良くなった状態、家族の一員と
なっている状態が have adopted him と表現されており、そのような意味で
の「養子」度合いが時をともにするにつれて高まっていったという事実が提
示されているのである。このように、センテンスのレベルでは感じられない
累積性がこの文脈にはあり、それによって by now の非推量的使用が可能に
なっているのである。

データベース内では非推量・累積用法は 93 件で、全用例 235 件のうち約
39.5％にあたる。[16] この中には、累積解釈を明確化する表現が含まれたもの

---

[16] 推量用法 (122 件、約 51.9％) と非推量・累積用法 (93 件、約 39.5％) で用例全体の約

もある。具体的には、all が含まれた用例が 8 件、every が含まれた用例が 5 件、大きな数量を表す many や plethora などが含まれた用例が 6 件、400,000 や billions など数を指す表現が含まれた用例が 14 件、most や 95% など高い割合を表す表現が含まれた用例が 4 件、それから thoroughly と wholly が含まれた用例が合計 4 件見つかった。その一方で、本来は累積解釈を持たないはずの文が文脈の力で累積解釈を獲得しているケースも見られた。

　特に面白いのは次の例である。語り手（Ave Maria）は Jack Mac の母親に布地を渡すために Mac 家を訪れる。Ave は、会いたくない Jack の不在時に訪れたつもりだったが、あいにく Jack は中にいて、Ave の来訪に気づいてしまう。

(25)　　 "Whoa. Hold up," Jack Mac says.　"Wait a minute."

　　　　Damn, he is here.　He must have parked in the back; it's dark and I couldn't see.

　　　　"I was just dropping off some fabric for your mother.　It was my mother's and I didn't want to just throw it out, so I thought I'd bring it up here because she's such a good quilter."　My voice broke.　I hate that.　Why am I overexplaining?　I just want to go home.　**By now** Jack Mac is on the porch steps [...]

　　　　　　　　　　　　　　　　　　　　　　　　　　　　　　(COCA)

Jack Mac is on the porch steps は、文脈がなければ、単純にある人物の「今」における位置を述べているだけで、累積解釈は促さない。「今、〇〇にいる」という事態は「今、少し〇〇にいる」→「今、それなりに〇〇にいる」→「今、結構な程度〇〇にいる」→「今、〇〇にいる」というように累積的に成立するものではない。しかしこの文脈では、読み手は、Ave Maria の発話および心の中のつぶやきを追うのと連動する形で、語られていない Jack Mac の移動を心の目で追うことになる。これにより、「会いたくないあいつが刻一刻と近寄ってくる」という緊張感を、Ave Maria とともに読み手も味わうことがで

91.4% を占める。by now の用例のほぼ全てがこれらの用法の慣習に従っていることになる。残る 20 例（8.6%）の非典型的用例の分析は紙幅の関係で割愛せざるをえない。

きる。ここには他ならぬ累積解釈が働いている。

（25）の最終文は表面的には（5b）の *?Susan left the store at 5:30 and by now she is home* と似て見えるかもしれないが、それはあくまで「表面的には」の話である。（5b）は、発話時における娘の居場所を事実として警察に報告するという設定の文であるから、「5:30 に店を出て、5:40 に学校の前を通って、そのくらいから少しずつ日も暮れてきて、5:55 にはご近所さんに捕まって、そのあとなんとか家に到着して、その結果として今この家にいるんです」というような解釈のもとに読むことは難しい。（25）の最終文と（5b）は表面的には似ていても、置かれた場面・文脈が全く異なるのである。

5.5. 推量用法と非推量・累積用法のつながり

ここで、推量用法と非推量・累積用法は接点なく分離しているわけではないことを指摘しておきたい。「累積」という概念は、推量用法の一部の用例にもかかわっているからである。たとえば（10a）の *The wound should have healed by now. (... but I'm not sure)* における have healed な状態は、「少し治ってきた」→「結構治った」→「治った」という累積的プロセスの結果として達成されるものである。この用法は、「推量・累積用法」であると言える。本稿の冒頭で提示した例（1）も「推量・累積用法」である。以下に（26）として再掲する。

(26) a. Danny: Chicago? Didn't they have a really big fire there?
         Vicky: It was over a hundred years ago. I'm sure it's out
                by now.   (= (1a))
      b. Presumably Potter is well prepared **by now** and could do with
          a good night's sleep.   (= (1b))

（26a）に関して言えば、推量表現として I'm sure があり、そして、大火事の火が消えている状態は時の経過による自然な変化や継続的な消火活動の結果として成立する状態である。（26b）は presumably という推量の副詞を伴っている。そして、何かに対して well prepared な状態であるということはそれまでに「全く prepared でない」→「少し prepared」→「それなりに prepared」→「しっかりと prepared」という変化を辿っているはずである。

もちろん、推量用法の中には、累積の概念が関与しないものもある。たとえば (14b) の *Surely you have seen him by now?* における「見かけた」は、「少し見かけた」→「結構見かけた」→「見かけた」というようにして達成される状態ではない。従ってこの用法は「推量・非累積用法」であると言える。

　以上見てきた推量・非累積用法から非推量・累積用法にいたる連続体、およびその全てに共通する意味は以下の図のようにまとめられる

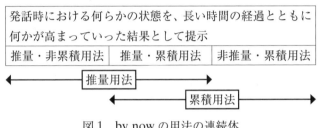

図1　by now の用法の連続体

6. 結語

　本稿では、by now は by [TIME] の性質と now の性質から完全には予測されない意味と用法を持ち、したがって言語的単位として記述する価値があることを確認したうえで、その意味と用法を詳細に記述した。by now の抽象的意味は、「発話時における何らかの状態を、長い時間の経過とともに何かが高まっていった結果として提示する」というものであり、この抽象的な意味が具現化する用法として、推量・非累積用法から（推量・累積用法を介して）非推量・累積用法に至る連続体が認定できる、ということを指摘した。

参考文献

Bybee, J. and D. Eddington. 2006. "A Usage-based Approach to Spanish Verbs of 'Becoming'." *Language* 82: 323-55.

Davies, M. 2008-. *The Corpus of Contemporary American English: 560 million Words, 1990-present*. Available online at http://corpus.byu.edu/coca/.

Drott, M. C. 1969. "Random Sampling: A Tool for Library Research." *College and Research Libraries* 30 (2), 119-125.

平沢慎也．2014．「英語前置詞 by の時間義」『言語研究』146, 51-82.

Langacker, R. W. 2001. "The English Present Tense." *English Language and Linguistics* 5 (2), 251–72.

Leech, G. and J. Svartvik. 2002. *A Communicative Grammar of English*. London: Longman.

Quirk, R., S. Greenbaum, G. Leech and J. Svartvik. 1985. *A Comprehensive Grammar of the English Language*. London: Longman.

Scott-Phillips, Thom. 2015. *Speaking Our Minds: Why Human Communication is Different, and How Language Evolved to Make It Special*. London: Palgrave.

Taylor, J. R. 2012. *The Mental Corpus: How Language is Represented in the Mind*. Oxford: Oxford University Press.

（東京大学（非常勤））

sh.hirasawa.el@gmail.com

副詞応答文 Really? について*

平　田　一　郎

1.　はじめに

　副詞 really は単独で先行発話に対する応答として使われる場合がある。(1)は兄弟 (Tim と Will) の会話で、二人は雨が降っていなければ釣りに出かける予定である。Tim は先に今の天気を確認している。やってきた Will に対して (1a) のように発話する。

(1)　a.　Tim:　It's raining outside.
　　　b.　Will:　Really?
　　　c.　~~Is it~~ really ~~raining outside~~?

これに対し、Will は (1b) のように Really? を単独で用いて Tim の発話の真偽を質すことができる。Will の発話 (1b) は、(1c) のような先行発話の命題を利用した疑問文の省略形と考えることができる (Paradis (2003) の truth-attesting に当たる)。このような really の用いられ方を本論文では副詞応答文 Really? と呼ぶことにする (Stenström (1986) が談話分析的アプローチで interact と呼ぶ用法である)。

　しかし、このような方策では理解できない表現がある。(2) も兄弟 (Tim と Will) の会話で、二人は父から雨ならば図書館に行って勉強するように言われている。二人ともそれをいやがっている。しかし父はよく自分で言ったことを忘れてしまう。兄弟は今雨が降っていることを知っている。そこに父が

---

　*　本論文は日本言語学会第 156 回大会 (2018 年 6 月 23 日、東京大学) において発表した内容の一部である。インフォーマントとしてご協力頂いた、Peter D. Longcope 氏、Alison Stewart 氏に感謝する。また原稿の修正に当たり、貴重なご意見を頂いた査読委員の先生方に深くお礼を申し上げたい。

やってくる。そしてうっかり Tim は (2a) のような発話をしてしまう。

（２） a. Tim: It's raining outside.
　　　 b. Will: Really?
　　　 c. ~~Are you~~ really ~~telling Dad that it's raining outside~~?

Will の (2b) の発話は表面上 (1b) と同じ副詞応答文 Really? であるが、これは (1c) のようには解釈されない。Will も雨が降っていることは知っているからである。

　本論文は、このような副詞応答文 Really? が Tim の行った発語内行為を命題として想定し、(2c) のようにその命題の正当性を質す疑問文の一部として解釈できると主張する（(1) と (2) の例文は informant work による）。[1] 副詞応答文 Really? は辞書などで、

（３）（間投詞的に）へえ、ほんと（驚き・疑い）
　　　 A: More than one third of Japanese people own a cell phone.
　　　 B: Really?　　　　　　　　（『旺文社レクシス英和辞典』p. 1546）

のように間投詞のように扱われるのが普通である。

　しかし (1b) と (2b) の対比から、副詞応答文 Really? は先行発話の主命題を修飾する場合と先行発話の発語内行為を修飾する場合とで構造的に曖昧であるので、より正確な（発語内行為命題を想定した）分析が適切であると思われる。本論文では、発語内行為命題を想定した副詞応答文 Really? の例を映画や situation comedy から複数引用し、発語内行為命題による Really? の分析が優れていることを示す。また発語内行為命題の正しさを質す副詞応答文 Really? が実質的に質すのは、その命題の真偽そのものではなく、発語内行為によって達成されると発話者に想定されている推意あるいは発語媒介行為であると主張する。

　関連性理論 (Sperber and Wilson 1986/1995) では、発話行為理論での発語内行為（命題）が概ね高次表意に相当する (Wilson and Sperber 1993)。そし

---

[1]　発話行為理論に関しては、Austin (1962)、Searle (1975)、Bach and Harnish (1979) を参照のこと。

て推意を含めそこから得られる聞き手の認知環境の変化を認知効果と呼ぶ。発話行為理論では、発語内行為をもとに起こる聞き手の変化が発語媒介行為（あるいは発語媒介効果）になる。認知効果も発語媒介行為も高次表意／発語内行為から間接的に起こる聞き手側の（話し手に意図された）変化を言い表す。[2] 本論では副詞応答文 Really? の経験的な事実の解明に主眼に置くので、推意と発語媒介行為という用語を「高次表意／発語内行為」以降の話し手に意図された意味として自由に使うことにする。[3]

2. 先行研究

Quirk et al. (1985: 628) は (4a) の発話に対する聞き手の副詞応答文 (4b) が、(4c) のような発語内行為を命題化した疑問文の省略形として分析できるという主旨の記述をしている（ただし、発話行為や命題化という用語は使っていない）。

(4) a. A: I'm going to resign.
     b. B: Seriously?
     c. [Were you speaking seriously when you said that?]

(4c) は、A の発語内行為をメタ言語的に命題化し、それを seriously が修飾しているという分析である。以下ではこの分析を really に応用して副詞応答文の機能を考察する。Quirk et al. は speaking seriously と表現する際に seriously が実際に果たしている機能の説明をしていない。あるいは直感に任せている。本論文ではこの部分の解明も試みる。

Wilson and Sperber (1993) は関連性理論の枠組みで (5a) の seriously のような態度副詞が、(5b) のような（高次表意での）発語内行為遂行動詞（以

---

[2]　発語媒介行為に関しては、話者が意図した発話後の聞き手の変化・行為だけを意味するとする Bach and Harnish (1979: 17) に従う。

[3]　Levinson (1983: 251) は、発話行為理論の（すべての発話は音声的に具現されているか否かに関係なく発語遂行動詞が主節にあるとする）遂行仮説によって、命令文や疑問文を含めすべての文の意味を真理条件意味論へと還元できる可能性を示唆している。関連性理論の高次表意は、命令文や疑問文も遂行動詞を用いて命題化しこの可能性を再び追求した考え方であるといえる。発話行為理論での遂行仮説の重大な欠陥が、関連性理論では「表出命題」と「高次表意」のどちらもが聞き手に伝わると考えることで克服されている。

下単に遂行動詞と呼ぶ）を修飾するという分析をしている。

(5) a. Seriously, I can't help you.

 b. Mary told Peter seriously that she couldn't help him.

Wilson and Sperber は、副詞応答文の分析こそしていないものの、副詞が音声的に具現されていない遂行動詞を修飾できることが確認されている（同様の点が Levinson (1983: 249)，Ifantidou (2001) でも論じられている）。しかし、どの研究にも副詞応答文 Really? に関する考察はない。また Wilson and Sperber も Quirk et al. と同様 seriously の有無による意味の考察はない（実際 really や seriously の有無は発話の命題そのものの真偽を左右しないように思える）。

松岡 (2001) は、本論文で副詞応答文 Really? と呼んでいる表現を、back-channel として用いられる間投詞的な用法と分析している。

(7) a. A: Peter's a genius.

 b. B: Really?

 c. The speaker is questioning the truth that Peter's a genius.
   （高次表意）

具体的には (7b) のような副詞応答文 Really? を省略形とは考えず、(7c) のような高次表意を作るよう手続き的にコード化された要素であると主張をしている（これは Paradis (2003) の truth-attesting と同じ主旨である）。

しかし、副詞応答文 Really? は、(1c) と (2c) で見たように構造的な曖昧性を示す。この差を抽象的に表現すると (8b) と (8c) のようになる。

(8) a. 先行発話

 b. [really 先行発話命題]?

 c. [really 先行発話の発語内行為 [先行発話命題]]?

先行発話に対して、その命題の正しさを質す (truth-attesting) のが (8b) の構造で、その先行発話の発語内行為を命題化し、その適切性を質すのが (8c) の構造である。この分析が正しいとすると、副詞応答文 Really? は、文の主構成要素とは独立した間投詞的な表現ではなく（あるいは手続き的にコード

化された要素ではなく）、文の構造に意味が貢献する実質的な表現（概念的に
コード化された要素）ということになる。

3. 発語内行為を質す Really?

　この節では、(2b) に追加して、副詞応答文 Really? が先行発話の命題では
なく、発語内行為命題の適切性を質していると考えられる様々な例を挙げて
いく。その際に、実質的に質される内容が、発語内行為命題自体というより
は、発語内行為によって達成されると想定されている発語媒介行為、あるい
は推意であることも確認していく。

　はじめは (2) と同様、平叙文の先行発話に対し、その発語内行為の適切性
を副詞応答文 Really? で質していると思われる例を見る。(9) は一時的に同
棲している男女（Mike と Molly）の会話である（*Mike and Molly* という
situation comedy から採っている）。

(9)　Mike:　Look, Molly, I know what's going on here.　It's in every
　　　　　　gal's nature to wanna nest with an alpha male.

　　　Molly:　<u>Really?</u>　That's ... Go on.

　　　Mike:　Well, and as much as I hope one day we'll be living under
　　　　　　the same roof I'm just not ready for that right now.

　　　Molly:　I get it.　You're like a wild, untamed stallion and here I
　　　　　　am trying to hook you up to a plow.

　　　　　　　　　(13:15-, "Samuel Gets Fired," *Mike and Molly*, Season 1.)

Mike は、このまま Molly が同棲を続けるつもりであることを疑っていて、
Mike 自身はまだそのようなつもりはない。Molly の副詞応答文 Really? に
先行する Mike の発話は、it's in every gal's nature to wanna nest with an
alpha male（女の子は誰でも頼れる男性がいれば巣を作ろうとする）である。
この瞬間 Molly は怒っているように見えて、そこで副詞応答文 Really? を使
う。頼れる男性がいれば女の子は誰でも巣を作ろうと（家族を作ろうと）する
という一般化自体は Molly を怒らせるような内容ではない。(10a) のように、
この命題の真偽を問い質すことはこの場面で意味がない。ということは、
Molly が問題にしているのは、この命題を発話することの適切性、すなわち

発語内行為の適切性であると思われる。この副詞応答文 Really? は、(10b) のような発語内行為命題に関する疑問であると解釈できる。

(10)　a.　Is it really ~~in every gal's nature to wanna nest with an alpha~~
~~male~~?

　　　b.　~~Are you~~ really ~~telling me that it's in every gal's nature to~~
~~wanna nest with an alpha male~~?

　しかし注意したいのは、(10b) のような音声化されていない部分を持つ副詞応答文 Really? が質しているのは、発語内行為だけとは考えられないことである。もちろん Mike の発話 (内容) の不適切さや発語内行為に対する驚きや怒りを Molly は感じているわけである。しかしその不適切さは発話の内容そのものではなく、その発話をすることによって伝わる「Molly も今同じことをしようとしている、そのことを自分はわかっている」という推意、あるいはそれによって Molly を牽制する発語媒介行為であると考えられる。[4] 推意や発語媒介行為は、発語内行為によって生み出されるわけであるから、発語内行為命題の適切性を really で質すことによって、推意や発語媒介行為の適切性を質すことになる。(10a) のように発話の命題内容をそのまま質しても、それは実際に先行発話の命題の真偽を質すことにしかならないので、推意や発語媒介行為の適切性を質すことはできない。

　(2a) や (9) の場合、先行発話の命題を質す (8b) の形の副詞応答文 Really? が常に選択肢としてあるので、データを慎重に検証する必要がある。しかし、間接発話行為や、命令文、疑問文といった先行発話に対する副詞応答文 Really? の使用例を見ると、より明確に副詞応答文 Really? が発語遂行文の適切性を質す場合があることがわかる。まず、通常疑問文や否定文は真偽判断ができる命題ではないので、疑問文や命令文の先行発話に対して (8b) の意味で (すなわち先行発話の命題の正しさを質すような形で) 副詞応答文 Really? を使うことはできない (# は infelicitous を表す)。

---

[4]　さらに副詞応答文 Really? は、質した内容に対する話者の否定的態度を推意として伝えると考えられる。

(11)　a.　Is it raining?

　　　b.　#Really? (~~Is it~~ really ~~raining~~?)

(12)　a.　Stop talking.

　　　b.　#Really? (~~Do I~~ really ~~stop talking~~?)

　間接発話行為では、発話された文の文法的な形式と発語内行為に不一致が見られる。例えば (13a) は文法的には疑問文の形であるが、慣習的には聞き手に対する（窓を開けてほしいとの）依頼であると解釈される。

(13)　a.　Can/Could you open the window?

　　　b.　Really?　It is still cold here.

　　　c.　~~Are you~~ really ~~requesting me to open the window~~?

すると (13b) のように副詞応答文 Really? を使うことができる（(13)-(16) は informant work による）。この場合、really は疑問文としての先行発話ではなく、(13c) のような（依頼の）発語内行為に対する疑問文の一部として理解することができる。

　命令文でも同じで、命令文によって遂行されると想定される（この場合窓を開けるという）行為の適切性に疑問を持つ場合、副詞応答文 Really? によってこれを質すことができる。

(14)　a.　Open the window.

　　　b.　Really?　It is still cold here.

　　　c.　~~Are you~~ really ~~ordering me to open the window~~?

この場合も (8b) の構造での副詞応答文 Really? の選択肢はあり得ないので、(8c)（具体的には (14c)）の構造の副詞応答文 Really? が用いられていることになる。

　(13a) の Can/Could you ～? とは違い (15a) の Are you able to ～? は（依頼を意味する）間接発話行為文にならない。

(15)　a.　Are you able to open the window?

　　　b.　#Really?　It is still cold here.

　　　c.　~~Are you~~ really ~~requesting me to open the window~~?

当然、(15b) のように「依頼」の発語内行為を想定した疑問文で応答することはできない。しかし面白いことに、(15a) も (16a) のように「疑問」という文法形式通りの発語内行為を想定した副詞応答文 Really? で (15a) に応答することが可能である。

(16)　a.　Really?　Of course I am.

　　　b.　~~Are you~~ really ~~asking me whether I am able to open the window~~?

通常「窓を開ける」というのは、特殊な技術や能力が必要な行為として解釈されない。しかしその当然のことを尋ねることの適切性を聞き手は問いただすことができ、それが (16a) の副詞応答文 Really? である。この場合、「疑問」という発語内行為文を想定した (16b) の疑問文の一部として副詞応答文 Really? は理解される。

　実際副詞応答文 Really? がこのように使われることは、それ程珍しくない。(17) は *The Bing Bang Theory* という comedy からの一場面である。大学から優秀な研究業績を称えられ、Sheldon は表彰されることになっている。しかし Sheldon は、自分では理由がわからないが表彰されることにためらいを感じている。その理由を友人である Leonard が探ろうとしている場面である。

(17)　Leonard:　Why don't I just start?　Sometimes people have trouble accepting accolades if, on a subconscious level, they don't feel they deserve them.　Do you think maybe that's what's happening here?

　　　Sheldon:　Really, Leonard?　You're just going to try to recycle Adler's doctrine of the inferiority complex?.

　　　(14:20-, "The Pants Alternative," *The Bing Bang Theory*, Season 3.)

Leonard は Sheldon が表彰されることをためらう理由について「無意識のうちに自分が表彰に値しないと感じているからではないか」と示唆し、Sheldon に Do you think maybe that's what's happening here? と尋ねる。これに対し Sheldon は副詞応答文 Really? を使って応答している。もちろん先行文が

疑問文なので、その疑問文の内容真偽を質す (18a) のような副詞応答文 Really? と考えることはできない。

(18)　a.　~~Do I~~ really ~~think maybe that's what's happening here~~?
　　　b.　~~Are you~~ really ~~asking me whether I think maybe that's what's happening here~~?

(17) の副詞応答文 Really? は、(18b) のように、そのような質問をするという発語内行為の適切性を質していると考えることができる。

　しかしこれまでの例と同じように、Leonard が質問をしたこと自体は Sheldon も当然わかっている。したがって副詞応答文 Really? が実質的に質しているのは、その質問によって Leonard が成し遂げようとしたこと、つまり「無意識のうちに自分が表彰に値しないと感じているから」表彰されたくないと感じているのではないかと Sheldon に示唆するという、発語媒介行為の方であると思われる。この comedy で Sheldon は非社交的な科学の天才として設定されている。Sheldon は Leonard が質問文によって達成しようとしている行為を即座に理解し、副詞応答文 Really? の直後に You're just going to try to recycle Adler's doctrine of the inferiority complex? と言い換えてまとめている。そして副詞応答文 Really? が実際に質している内容が、発語内行為自体というよりは、その発語内行為によってもたらされる発語媒介行為であることを明確にしている。(Adler's doctrine of the inferiority complex は、自分が常に他人よりも劣っているという観念を抱いてしまうことを意味する心理学用語である。)

　次は平叙文の形の先行発話が「勧誘」という発語内行為となるような例を見ていく。*Teen Beach 2* という映画からの Brady と Mack の会話である。Brady は運動好きで、Mack は運動も好きな反面、勉強もまじめにする。この場面の少し前に、Brady は Mack が勉強好きの Spencer と仲良くしているのを見て、少し Mack と喧嘩をしている。しかし Spencer と Mack が特に仲が良いわけでもないし、そのことを 2 人とも理解している。今、(これとは関係ないことで) Brady と Mack は言い争いをしている。Brady はやりとりの途中で、「頭のいい Spencer に助けてもらおうか」と 2 人の関係を皮肉る。

(19) Brady: I don't know!　You could've been a little less direct.

Mack: Less direct, like, kept it a secret from her?　Kept her in the dark?　Yeah, 'cause that's been working so well for you, lately.

Brady: Well, maybe we should go ask Spencer for help.

Mack: <u>Really?</u>　We're back to that.

(1:06:30-, *Teen Beach 2*, Walt Disney Studios Home Entertainment.)

(20) a. ~~Should we~~ really ~~go ask Spencer for help~~?

b. ~~Are you~~ really ~~suggesting that we should go ask Spencer for help~~?

先行発話が疑問文や命令形ではなく、平叙文(we should ~)なので、形式的にはその真偽を質す(20a)も可能である。しかし Spencer に助言を求めるという選択肢はこの場面でありえない(そもそも口論の内容は Spencer が知るよしもないものである)。だから Mack の副詞応答文 Really? が質しているのは、(20b)のように「Spencer に助言を求めに行こう」という勧誘の発語内行為の適切性であると理解すべきである。

　しかし再び(19)の副詞応答文 Really? が質しているのは、その提案をしていることそのものではないと思われる。Brady の発話は皮肉であって、それによって Brady は「自分ではなく Spencer の方を信頼しているのであろう」と Mack に推意させている。またその発話で Brady は、今言い争っている問題ではなく(先ほどの喧嘩の原因である)Spencer の話題に戻ろうという発語媒介行為を行っていると考えられる。副詞応答文 Really? が本当に問題にしているのは、こうした推意や発語媒介行為である。Mack が Really? の直後に、We're back to that と発言し、これを言語化している(that が Spencer と Mack の関係に関する口論を言い表している)。

　本論文での副詞応答文 Really? が(8b)と(8c)の二通りの構造に分析できるという主張が正しいとすると、2つの解釈で曖昧な例があるはずで、(21)はそのような分析が可能な例である。例は映画 *High School Musical 2* からで、双子の姉 Sharpay と弟 Ryan の会話である。二人は、いつもミュージカ

ルで共演していて、姉の Sharpay がいろいろなことを仕切っている。今、Sharpay は、Ryan の代わりに別の男性をミュージカルの主役に抜擢しようとしていて、その代わり、別の役を Ryan に与える申し出をしている。Sharpay はこれが Ryan にとって良い知らせ（喜ばせるような話）として伝えている。

(21) Sharpay: But in the meantime, keep an eye on those Wildcats. If they're planning on being in the show, which I doubt, once they hear about Troy and me, I don't want any surprises.　Oh, and don't worry, I'll find a song for you somewhere in the show. Or the next show.

Ryan: <u>Really?</u>　Don't strain yourself, slick.

(1:01:50-, *High School Musical 2*, Walt Disney Studios Home Entertainment.)

Ryan はもちろんこの話で喜ぶはずが無い。しかし Sharpay の先行発話が平叙文なので、Ryan の副詞応答文 Really? を (22a) のように先行発話命題を質していると解釈することが可能である。

(22) a. ~~Will you~~ really ~~find a song for me somewhere in the show or the next show~~?

b. ~~Are you~~ really ~~proposing to find a song for me somewhere in the show or the next show~~?

この場合、副詞応答文 Really? は Sharpay の意志の確認という機能を果たすので、「本当に別の歌を歌わせてくれるんだ、嬉しいな」という推意が Sharpay に伝わるであろう。しかし、発語内行為を質す解釈 (22b) の場合、その行為によって Ryan を喜ばせようという発語媒介行為、あるいは Sharpay が Ryan のことも案じているという推意の適切性を疑問視していると分析されるであろう。

　映画ではこの揺れが利用され、Sharpay は、「Ryan が喜んでいるのだから、これでいい」というように解釈し（Sharpay は表情でそれを表現している）、逆に Ryan は「そんな扱いなら、もう Sharpay とは共演できない」という気

持ちを抱いたことが視聴者に伝えられている。事実この後映画では、Ryanが
Sharpayのライバルと共演して、そのことがSharpayを驚かせるという展開
になる。[5]

4. 遂行動詞を修飾する really の意味

この章では、遂行動詞を修飾するreallyの意味を考える。これまで多くの、
副詞応答文Really? が先行発話の発語内行為を修飾していると考えられる例
を見てきた。(10b) の例からreallyの果たす役割をもう一度考えてみよう。

(10) b. ~~Are you~~ really ~~telling me that it's in every gal's nature to~~
~~wanna nest with an alpha male~~?

(10b) でreallyは命題化された発語内行為文の真偽を問うような形で使われ
ていた。しかし、Mollyは今ちょうどMikeがit's in every gal's nature to
wanna nest with an alpha male と発話したのを聞いたのであるから、(10b)
の副詞応答文Really? がこの発語内行為をただ文字通り疑問視しているとは
考えられない。真理条件的に考えると、遂行動詞をreallyが修飾する文で、
reallyはあってなくても文の真偽に差がないように思える。問題となってい
る発語内行為が行われている限りにおいて、reallyの有無に関係なく命題は
真となるだろう。遂行動詞文にreallyがある場合とない場合（あるいはreally
の代わりにjustがある場合）で意味的に何が違うかをもう少し詳しく考えて
みたい。その差だけに焦点を当てたいので、省略のある副詞応答文Really?
ではなく、(23) のような平叙文のペアで違いを考察する。

(23) a. I am <u>really</u> telling you that it's every gal's nature to wanna
nest with an alpha male.

b. I am (just) telling you that it's every gal's nature to wanna

---

[5]　副詞応答文Really? は様々な音調で使われる。少なくとも上昇調の場合と下降調の場
合が明確に区別できる。査読委員の方が指摘するように、音調と2種類の副詞応答文Re-
ally? の間に何らかの関連があることが考えられる。しかしその関係は絶対的なものではな
いと思われる。例えば (21) は上昇調であるが、2つの解釈の間で曖昧である。本論文で見
た他の発語内行為を修飾する副詞応答文Really? を見ても、(17) は上昇調で (9) と (19) は
下降調である。

nest with an alpha male.

Really telling の (23a) と (just) telling の (23b) では一体何が違うのであろうか。

この点でインターネット上の口語英語のサイトに面白い投稿が見られる。

(24)　just saying

Definition:　There is an obvious implication of what I just said, but I formally disavow that implication, although I actually believe it.

Example:　That might be the wrong tie to wear. Just saying.

(Implication: It makes you look ridiculous.)

(https://www.urbandictionary.com/define.php?term=just+saying, 2018/04/29)

これは Urban Dictionary (https://www.urbandictionary.com/) という、誰でも気になる英語表現について定義や使用例を投稿できるサイトで、定義は閲覧者の投票により支持が高いものから順番に表示される。(24) は just saying で検索して二番目に表示された定義である。(24) の定義によると、just saying と言った場合、その場面でその発話が持つと考えられる推意を否定・保留する役割があるとされている。普通「そのネクタイをつけるのはよくない」といえば「(そのネクタイを着けていると) あなたはみっともなく見える」という推意が伝わるだろう。しかし just saying と付け加えると (実際話者が心に抱いていたとしても) その推意が否定・保留され、文字通りの「そのネクタイをつけるのはよくない」という命題だけが伝わるとされる。

　インターネット上の辞書サイトではあるが、この記述は just saying のニュアンスをかなり正確に伝えているようである (内容は English speaker にも確認してもらっている)。具体的な使用例を見てこれを確認してみよう。

(25)　Louie:　I just want to ... I just want to say that if you ever need to talk about anything, you know we see each other in school, so if you need to, you can talk to me.

　　　　Boy:　Talk about what?

Louie: Well, you know, that's up to you.   It doesn't matter.   If you think of something you need to talk about—You might not.   I'm just saying.   You can talk to me.

Boy: Lilly doesn't like me.

(18:40-, "Something Is Wrong," *Louie*, Season 3.)

(25) は *Louie* という comedy からで、離婚して一人で二人の娘を育てている Louie と娘の同級生の男の子との会話である。男の子の様子がおかしいことに気がついた Louie が、男の子に話したいことがあれば話を聞くと申し出ている。普通そのようないい方をする場合「何か問題を抱えているだろう」という推意が伝わると思われる。しかし Louie は I'm just saying と付け加えることで、その推意を打ち消し、you can talk to me が文字通りの意味だけで伝わるように意図している。

　ここから逆に考えていくと、通常発話は推意（あるいは文脈効果）を生むし、発語内行為は発語媒介行為を伴う。telling や really telling は、そのことを音声化していると考えることができるだろう。(23a) は、it's every gal's nature to wanna nest with an alpha male と発話し、その発話が持つ推意の伝達やその発語内行為がもたらす発語媒介行為の遂行も話者が意図していることを明示的に伝えていると分析できる。[6] 逆に (23b) は、発話自体の命題を伝えてはいるものの、その推意の伝達や発語媒介行為に対する責任を話者が放棄する表現であるということになる。そして本論文で問題にしている副詞応答文 Really? が発語内行為を質す (8c) の場合、先行発話の発語内行為によって生じる推意の伝達や予測される発語媒介行為の遂行を話者が意図しているのかを質す表現であると分析できるだろう。

---

[6]　Joshi (1982: 190) や Hirschberg (1985: 12) は Grice の協調の原理の制約範囲を、発話そのものから発話から導かれる推意にまで広げる提案をしている。この考え方では、遂行動詞を修飾する really が協調の原理を遵守していることを明言する表現と分析することができる。Levinson (1983: 163) も、well、oh、ah、so、anyway、you know のような例を挙げながら語句の意味記載に推意への言及が必要となる場合がある可能性を指摘している。

5. まとめ

　本論文では、副詞 really が単独で先行発話に対する応答として用いられる用法（副詞応答文 Really?）を考察した。副詞応答文 Really? は、先行発話の命題の真偽を質す場合と、先行発話の発語内行為を遂行動詞によって命題化し、その真偽を質す場合とがあることを指摘した。informant work や映画、situation comedy からの用例を多数検証し、発語内行為の真偽を質す副詞応答文 Really? の用法を確認した。多くの用例で発語内行為が行われたことは明らかなので、really によって実際に質されるのはその発語内行為によって聞き手に喚起される推意であったり、聞き手に促される発語媒介行為（正確には発語内行為によってもたらされると想定されている聞き手の反応）の適切性であった。really telling と (just) telling の対比から、really が遂行動詞についた場合、話者は発話の命題だけではなく、発語内行為がもたらす推意の伝達や発語媒介行為の遂行まで意図していることを明確にしていることを示した。発語内行為を質す副詞応答文 Really? が、先行発話の推意や発語媒介行為の適切性を質すことができるのは、really のこの性質によるものであると結論づけた。

参考文献

Austin, J. R. 1962. *How to Do Things with Words*. Oxford: Oxford University Press.

Bach, K. and R. M. Harnish. 1979. *Linguistic Communication and Speech Acts*. Cambridge, Massachusetts: MIT Press.

Hirschberg, J. B. 1985. *A Theory of Scalar Implicature*. Doctoral dissertation, University of Pennsylvania.

Ifantidou, E. 2001. *Evidentials and Relevance*. Amsterdam: John Benjamins.

Joshi, A. K. 1982. "Mutual Beliefs in Question-Answer Systems." In N. V. Smith ed., *Mutual Knowledge*, 181-197. New York: Academic Press.

Levinson, S. C. 1983. *Pragmatics*. Cambridge: Cambridge University Press.

松岡信哉. 2001. 「really の間投詞的用法——概念的／手続き的な意味の観点から」『語用論研究』3, 16-27.

Paradis, C. 2003. "Between Epistemic Modality and Degree: The Case of *Really*." In F. Roberta, P. Frank and K. Manfred eds., *Modality in Contempo-*

rary English, 191–222. Berlin: De Gruyter Mouton.

Quirk, R., S. Greebaum, G. Leech and J. Svartvik. 1985. *A Comprehensive Grammar of the English Language*. London: Longman.

Searle, J. R. 1975. "Indirect Speech Act." In P. Cole and J. L. Morgan eds., *Syntax and Semantics 3: Speech Acts*, 59–82. New York: Academic Press.

Sperber, D. and D. Wilson. 1986/1995. *Relevance: Communication and Cognition*. Oxford: Blackwell.

Stenström, A.-B. 1986. "What Does *Really* Do? Strategies in Speech and Writing." In T. Gunnel and I. Bäcklund eds., *English in Speech and Writing: A Symposium*, 149–204. Stockholm: Almqvist & Wiksell International.

Wilson, D. and D. Sperber. 1993. "Linguistic Form and Relevance," *Lingua* 90, 1–25.

辞書

『旺文社レクシス英和辞典』2003.

引用例文出典

"The Pants Alternative," *The Bing Bang Theory*, Season 3.

High School Musical 2, Walt Disney Studios Home Entertainment.

"Something Is Wrong," *Louie*, Season 3.

"Samuel Gets Fired," *Mike and Molly*, Season 1.

Teen Beach 2, Walt Disney Studios Home Entertainment.

インターネットサイト

Urban Dictionary. (https://www.urbandictionary.com/)

(学習院大学)

20120072@gakushuin.ac.jp

「クジラ構文」に見られる条件性と対偶解釈読み[*]
──構文の類型化を巡る問題──

廣　田　　篤

1.　はじめに

　「クジラ構文」の意味解釈をめぐって、これまで既に様々な分析がなされている。「クジラ構文」の意味解釈にいくつかのパタンがあると主張する代表的な研究としては、平沢 (2012)、柏野 (2012)、本多 (2017) などがある。[1] 一方、八木 (2015) はそうしたパタン化を否定している。八木 (2015) は、「クジラ構文」として解釈できない No more A than B の形式は「比較構文」として解釈すべきであると主張している。本論では、先行研究で挙げられている例文を基に、まず「クジラ構文」には複数の意味解釈のパタンが存在することを確認した上で、個々の研究がどのように構文を分類しているかを振り返り、次にそうした分類の仕方における差異は、「認識条件文」を基盤とした「対偶解釈読み」によって統一的に捉えることができることを示す。そして最後に、「クジラ構文」の分類の仕方について新しい見方を提示する。

2.　先行研究とその展開
2.1.　平沢 (2012) の新型のクジラ構文

　平沢 (2012) で画期的だったのは、クジラ構文には「後行命題が偽であるの

---

　[*]　査読委員の 3 名の先生方による細部にわたる貴重なコメントに触発され、本論を修正する上で大変役立った。また、本論の草稿段階で、堀田優子先生から適切な助言を賜った。さらにインフォーマント役を快諾してくれた Andrew Wilson 氏（オーストラリア出身・男性・25 歳）には幾つかの作例を提供して頂いた。この場をお借りして深い感謝の意を表したい。なお、本論に不備や誤りがあれば、それはすべて筆者の責任である。
　[1]　明日誠一氏による「クジラ構文」の研究は別稿で論じたことがあり、本論では紙幅の都合上割愛している (cf. 廣田 2017)。

と同様、先行命題も偽である」の意味ではなく、「先行命題が真であるのと同様、後行命題も真である」の意味に解釈するほかない例が存在するという指摘である。[2] 例えば、以下のような例である（平沢 2012: 52-53）。

（1）　Nuclear weapons are no more a threat to the world than an epidemic of bacteria spreading.（原爆が恐ろしいのと同様に、疫病も恐ろしい）

こうした解釈を動機づけるのは、後件の「疫病が脅威であること」は誰にとっても明らかなため、それを否定的に解釈するのに無理があるという制約である。[3] 逆に言えば、後件に明らかに否定されるべき対象・命題がくる場合に、所謂「クジラの公式」としての解釈が成立するということである。この点では八木 (2015: 173) の主張とも一致している。所謂「クジラ構文」の典型例は以下の有名な文である。

（2）　A whale is no more a fish than a horse is.（ウマが魚でないのと同様、クジラは魚でない）

ただ、平沢 (2012) で挙げられている例文だけでは新型のクジラ構文の存在を主張する根拠として決して十分とは言えない（八木 2015: 172, 175）。しかし、所謂「クジラ構文」に別の意味解釈のタイプがあるかもしれないことを提起したという点において、斬新かつ重要な研究であるといえる。平沢 (2012: 60-61) が (1) の例をコンテクスト抜きで一義的に解釈可能であるとしている問題点については、他の例文との比較で、第 5・6 節において再度検討する。

2.2.　柏野 (2012) の語用論的要因

柏野 (2012: 235-236) は、「クジラ構文」は意味論的には主節（前件）と

---

[2]　「先行命題」とは than よりも前の部分から no more を除いた部分、「後行命題」とは than よりも後ろの部分のことである（平沢 2012: 50）。

[3]　平沢 (2012) は「疫病が恐ろしくないのと同様に、原爆も恐ろしくない」の意味解釈ができないのは、百科事典的知識として「疫病は恐ろしい」という認識が共同体の成員に共有されているためである、としている。

than 節（後件）の程度が同じであることを表すと主張しており、これは当該構文の本質をついた見解であると思われる。[4] 柏野 (2012) によれば、「クジラ構文」は、命題同士の蓋然性を比較する A タイプ（(3)）、語用論的に話し手が相手に「反論」しているため文全体が否定的に解釈される B-1 タイプ（(4)）、あるいは相手に「同意」しているため文全体が肯定的に解釈される B-2 タイプ（(5)）の 3 つに分類される（柏野 2012: 232–234）。つまり、A タイプは所謂「クジラ構文」に対応し、B タイプの 2 通りの解釈のいずれになるかは文脈に依存する。

（3） You, a detective? Ha! You're no more a detective than my grandmother!（お前が刑事だって？ ははっ！ お前が刑事なわけないだろ！）

（4） A: The movie we have just seen is great.
　　　B: No, it is no greater than soap opera.
　　　A:「素晴らしい映画だったね」
　　　B:「そうかな。メロドラマ程度だったよ」

（5） For many people over 50, dry eyes are just another sign of aging, no more a nuisance than gray hair or crow's feet.（ドライアイはわずらわしいが、せいぜい白髪かカラスの足跡程度だ）

しかし、意味論的には (4) (5) のいずれの解釈も、「『先行命題』の程度はせいぜい『後行命題』の程度くらいでしかない」の意味であり、語用論的な「反論」あるいは「同意」という観点で分類すると、それ以外の文脈的な要素を捨象することになる。つまり、「反論」と「同意」という語用論的要因のみであらゆる文脈での使用を網羅できるのかどうかは分からない。次の 2.3 節では、「認知操作」という観点から意味論的な分類を試みている本多 (2017) の説を検討する。[5]

---

[4]　柏野 (2012) は、「主節」と「than 節」という言い方をしているが、本論では本多 (2017) に従い、「前件」「後件」という用語を使う。それぞれ、平沢 (2012) の「先行命題」「後行命題」に対応する。

[5]　実際、本多 (2017) の分類基準では、(4) (5) は同じタイプ（前件抑制）としてみなされる。

2.3. 本多 (2017) の「前件抑制」と「後件指摘」

本多 (2017) では、(2) のような所謂「クジラ構文」を、前件の否定の意味に焦点があることを基にして「前件否定」と名づけた上で、当該構文にはさらに 2 つのタイプがあると主張している (本多 2017: 67-69)。

（6） President Obama says marijuana use is no more dangerous than alcohol, though he regards it as a bad habit he hopes his children will avoid. (…マリファナの使用が危険だとはいってもそれはせいぜいアルコールが危険なのと同じ程度だ) (該当部分の訳は筆者)

（7） "[...] Does she — have a husband?　She is very beautiful."　Female intuition was a remarkable thing.　"Yes.　She does.　And she is no more beautiful than you, Anne."　I meant it sincerely but she waved away the compliment. (「あの人…旦那さんいるのかしら？　とってもきれいな人よね」女性の直観というのはすごいものだ。「ああ、いるよ。で、確かにあの人はきれいだけど、アン、君だって負けてないよ」ぼくは素直に思った通りのことを言ったのだが、アンはこのほめ言葉を打ち消すように手を振った)

1 つは (6) のようなタイプで、比較の上で「前件の程度は (せいぜい) 後件の程度ほどでしかない」というように、後件を引き合いに出して前件 (の程度) を「抑制」するように働く「前件抑制」の例であり、もう 1 つは (7) のようなタイプで、比較の上で「前件の程度に負けないくらい後件の程度も上である」というように、前件の程度を認めつつも後件も前件と同水準であることを「指摘」する機能を果たす「後件指摘」の例である。

なお、本多 (2017) は、前件と後件を比較する際、両者の蓋然性や程度に関して前もって把握される事態構図として「事前想定」という概念を導入し、「クジラ構文」においては前件に比べて後件の蓋然性や程度は「低」であり、その水準まで前件を下げるのか、反対に後件を前件の水準まで上げるのかという 2 通りの認知操作が考えられるとした上で、そうした認知操作の違いが意味解釈の仕方の差異を動機づけるとしている。

「クジラ構文」の意味解釈のパタンのまとめとして、本多 (2017: 76) の表

差の存在の否定の仕方	前を下げる		後ろを上げる
「低」の実質	「ゼロ」	「相対的に低い」	
解釈	いわゆるクジラ（前件否定）	「実はそれほどでもない」（前件抑制）	「こっちだってそうだ」（後件指摘）
柏野（2012）	Ａタイプ命題の比較	Ｂタイプ程度の比較	
	否定的	B-1 タイプ否定的	B-2 タイプ肯定的
平沢（2012、2014）	否定型	肯定型	
八木（2015）	同定イディオム（クジラの公式）	比較構文[7]	

表 1：クジラ構文の 3 つの解釈が生まれる仕組みのまとめ（本多 2017: 76）

を挙げる。[6]

　ただし、こうした分類は量的な研究の基盤となる「頻度」という観点を考慮しておらず、例文の質的な相違を指摘するに留まり、またそれら以外の解釈の仕方の可能性も残されている。[8] 本論では、文脈に応じてこれら以外の解釈のパタンが必要となる例を第 6 節で扱う。

3.　クジラ構文の対偶解釈読み

　本論の議論の核心である「対偶解釈読み」について検討する前に、まずその

---

[6]　ただし、柏野（2012）の語用論的な要因に基づいた分類は、他の先行研究の分類基準とは性質が異なるため、両者は完全に対応関係にあるわけではない。実際、本多（2017）は柏野（2012）のＢタイプの一部に対して、柏野の元々の分類の仕方とは異なる見方を提示している（注 5 参照）。また、平沢（2012）で提起された肯定型のタイプの例が、厳密に、後件指摘のみに対応するのか、前件抑制も含むのかは明確ではない。八木（2015）の平沢批判は、こうした分類の仕方の不一致が元になっていると考えられる。

[7]　なお、八木（2015）はその他の先行研究とは異なる立場をとり、所謂「クジラ構文」に相当する例を「同定イディオム」と規定し、そうした慣習化したイディオム的な解釈ができない場合は、すべて「比較構文」であると主張している。

[8]　実際、本多（2012:65）は「クジラ構文」には「少なくとも 3 つの解釈がある」と述べるに留めている。

鍵となる「対偶」という概念について押さえておきたい。

3.1.　対偶

　2つの命題pとqに関して、「pならばq (if p, then q)」の関係が成り立つとき、pはqが成立するための「十分条件」であり、qはpが成立するための「必要条件」である。またこのとき「qでないならばpでない (if not q, then not p)」という関係を考えることができ、この関係を論理学的に「対偶」という。一般に、ある命題とその対偶命題は論理的に同値となるため、それを利用して「対偶的解釈」というものを措定しようというのが筆者の考えである。つまり「pならばq」が真のとき「qでないならばpでない」という対偶命題も必ず真となることが、「クジラ構文」の意味解釈に関わると主張する。

3.2.　対偶解釈読み

　「クジラ構文」の意味解釈に関わる命題とその対偶命題は次の表2のようにまとめられる。命題p、q、p⇒qは「生物学的カテゴリー」に関する言明であり、No more A than Bの形式で命題同士の比較をする際、命題p、qの否定命題やp⇒qの対偶命題が重要な意味をもつ。とりわけ、「ウマが魚でない」ことは古典的カテゴリー観に依拠した明確なカテゴリー化であり、カテゴリー化と否定が密接に関連している。[9]

$p \Rightarrow q$	[ウマは魚でない] [A horse is not a fish]	$\Rightarrow$	[クジラは魚でない] [A whale is not a fish]
$\sim q \Rightarrow \sim p$	[クジラは魚である] [A whale is a fish]	$\Rightarrow$	[ウマは魚である] [A horse is a fish]

表2：クジラ構文の典型例を構成する命題とその論理的関係

　「対偶解釈読み」とは、本論では、ある文（pならばq）をそれと論理的に等

---

[9]　こうした「ウマ」や「クジラ」が「魚」であるかどうかというカテゴリー化に際して、これを認知する際に古典的カテゴリー観が関わるとすれば、それは当該構文に内在する論理形式の反映であると考えられる。また、一説にはthanの歴史的起源はthenであることも、構文に内在する論理性を示唆しているように思われる。

価な「対偶命題」(～qならば～p) に読み替えた解釈のことを指す。[10]

（２）　A whale is no more a fish than a horse is. (ウマが魚でないのと同様、クジラは魚でない)

（８）　If a whale is a fish, then a horse is a fish. (クジラが魚だとしたら、ウマも魚ということになる)

　(2)の「～と同様」という言辞は先行命題と後行命題の類似性を意味するのではなく、むしろ2つの命題を連結する「～ならば」という条件性 (とそれに基づく論理性) を表すものとして解釈される。しかし、例えば (2) の例を、論理的に等価な文である (8) のように解釈可能であるとしても、こうした「認識条件文」としての解釈は、条件節の表す内容 (クジラは魚である) が実際の生物学的カテゴリーの分類と一致しないため、そうした矛盾を解消するには次のように言わなければならない。[11]

（９）　If a whale were a fish, then a horse would be a fish. (もしクジラが魚だとしたら、ウマも魚ということになるよ) (下線は筆者による)

　このことが示唆しているのは、所謂「クジラ構文」の場合、厳密には「対偶解釈読み」にはならないという言語事実である。[12] 実際、(9) の条件節内の命題は実際には真ではないため仮定法で記述されている。つまり、条件部の「クジラは魚である」という命題が暫定的に真だという仮定の下では、帰結部の「ウマは魚である」という命題も真であることを表している。しかし、その帰結は事実と矛盾するため、そもそもの仮定が間違っていることを迂言的に表しているのだと解釈される。

　実際もっと詳しくみると、話し手が「クジラ構文」を発話し、それを聞き手

---

[10]　以下の議論では、必要に応じて「対偶解釈読み」を「対偶的解釈」と言い換えているが、基本的な意味は同じである。

[11]　インフォーマントに確認済みである。ただし (8) の文も非文ではないのは、「レトリック」として用いられる限りにおいて修辞的効果があるからだと思われる。また「対偶解釈読み」の成立の根拠となる「クジラ構文」と「認識条件文」の関係については第4節で扱う。

[12]　「対偶解釈読み」になる場合のパタンについては、後の5節で詳しく述べる。

が理解する際の認知プロセスはかなり複雑である。表2で命題「pならばq」の真を主張する際の論理的飛躍、つまりなぜ「ウマが魚でなかったら、クジラも魚ではない」という言明で、聞き手の生物学的カテゴリーに関する知識（誤信念）の修正を促すことができるのかは十分明確であるとはいえない。聞き手の側の理解には、その対偶命題「〜qならば〜p」を想定し、「命題〜qが真だとすると、命題〜pも真ということになるが、それは間違いだから命題〜qは偽である」という論理的推論が関わるのではないかと考えられる。[13]「クジラ構文」の意味を、その論理的飛躍を精緻化して十全に理解するためには、こうした「論理的推論」が認知プロセスとして関わることを理解する必要があるといえる。

　また、こうした意味解釈上の特徴から、(9) は後述する「認識条件文」の一種であると判断される。「対偶解釈読み」の基盤となる認知プロセスには、命題p、qの否定命題や「〜q⇒〜p」の形式で対偶命題を表す「認識条件文」が深く関与している。つまり、「クジラは魚でない」ことを迂言的に表す「対偶的解釈」の妥当性は、if-then の接続からなる認識条件文における、対となる命題間の関係の論理的整合性に依存するといえる。[14]

4.　認識条件文と「クジラ構文」との関係

　認識条件文とは、厳密には、「if-then の接続により、条件部の仮定的前提が真であることを知ることが、帰結部の命題が真であると結論するための十分条件になっている文」を指す（Sweetser 1990 [澤田訳 2000: 166-168]）。

　認識条件文の実例として Sweetser (1990) [澤田訳 2000: 166] は以下の文を挙げている。

(10)　If she's divorced, (then) she's been married.
　　　（彼女が離婚したというなら、（そうなら）彼女は結婚したことがあるということだ）

---

[13]　この「クジラ構文」の典型例の場合における論理的推論のプロセスは、慣習化を経て自動化されており、そのプロセスを厳密に辿らなくても発話の意図をある程度理解できるようになっていると考えられる（つまり、「pならばq」という情報のみでおおよそ理解可能である）。

[14]　(9) の場合は、「生物学的カテゴリー」に関する論理的整合性が問題となっている。

「クジラ構文」に見られる条件性と対偶解釈読み　　129

(2) から (8) を導いたのとは逆に、認識条件文から no more ... than の形式に言い換えるとすると、(10) から (11) の文が得られる。[15]

(11)　She is no more divorced than she is married.

この文の伝達上の焦点は、「彼女が離婚したことがあるかどうか」である。(10) の認識条件文では if 節が「トピック」で、帰結部が「文の伝達上の焦点」である一方、(11) では両者が一体化しており、その含意は以下の (12) の表す内容である。[16]

(12)　She cannot have been divorced because she has never been married in the first place. (そもそも彼女は一度も結婚したことがないのだから、彼女が離婚したなんてありえない)

　一般に、If X, then Y. の形式は厳密に論理的な条件性のみでなく、自然言語も条件文の対象とするが、そうした条件性が命題と命題の間、あるいは認識と認識の間に成立していると認めるだけでは十分でなく、「知ること（前件）」と「結論すること（後件）」の間に「何らかのつながり」を想定することが必要であると Sweetser (1990) [澤田訳 2000: 167] は主張している。
　(10) の場合は、「内容領域」に属する事象の論理的関係が「認識領域」においてどの程度の蓋然性で成立するのか（この場合は、現実に離婚したということなら、その前に百パーセント結婚していたはずだという認識）を表す言明である。Than のような前置詞（あるいは接続詞）は、Langacker の認知文法に基づくと、その先行要素（対象）と後行要素（対象）間の関係を「際立ちの高さ」の観点から関連づけて表すものである。[17]

---

[15]　(11) は (10) とほぼ同じ意味であり、その差異は「捉え方」にある。またその文法性に関しても同じインフォーマントに確認済みである。

[16]　(11) の実質的な意味は She is neither divorced nor married. であり、この解釈を詳述化すると (12) の解釈になる。いずれも同じインフォーマントに確認済みである。また、(11) は「クジラが魚であるかどうか」が主な関心事である典型的なクジラ構文の場合と平行的であるといえる。なお、(10) の例においても、彼女が「結婚したことがあるかどうか」ではなく、「離婚したことがあるかどうか」が文のトピックとなっている。

[17]　例えば前置詞用法の場合は、より際立ちの高い対象（トラジェクター）を、前置詞の目

(10) (11) の例からわかるように、「認識条件文」で表された 2 つの命題内容を 1 つの文の形に凝縮したものが no more ... than の形式であるとみることができる。こうした見方を逆に (2) (8) の例に適用すれば、「クジラ構文」は関連する 2 つの命題間の論理的関係を表すものであるといえる。したがって、「クジラ構文」の具体事例の意味を解釈する際、その「対偶的解釈」を想定しても矛盾しない。つまり、no more ... than の形式はその字義通りの意味が 2 つの命題からなり、両者の論理的関係を表すものと解釈できるため、その対偶的意味を措定可能であるということである。構文が 2 通りの解釈を許容し、「一方が前景化するとき、他方は背景化する」のだとすれば、「クジラ構文」の意味解釈は認知的な「捉え方」の問題に帰着することになる。この問題については次節でより詳細に扱う。

5. 「クジラ構文」の意味解釈のパタンに対する本論の立場

本論では、「クジラ構文」の意味解釈のパタン分類に関して、認識条件文を基盤とした「対偶解釈読み」を措定することで、平沢 (2012) や本多 (2017) のような明確な区別（線引き）をする代わりに、論理的に等価な解釈の仕方が可能であると主張する。[18]

通常、クジラ構文は前件の否定が焦点化され、後件として選ばれる要素に応じて、さらにイディオム的な解釈か「前件抑制」の解釈かに分かれる。一方、ある場合には、後件が焦点化され、その場合は肯定の意味解釈になる。認知言語学的な観点から、本多 (2017) の「クジラの公式」（「前件否定」に相当する狭義のクジラ構文）の解釈及び「前件抑制」「後件指摘」の場合の解釈と、「対偶的解釈」の関係をまとめると、次の表 3 のようになる。なお、分類をより精緻化するために、平沢 (2012) の例 (1) の場合も列記した。

的語（ランドマーク）との関係から規定する。接続詞用法の場合も同様に考えることができる。

[18] 先行文脈が与えられれば、いずれかのパタンの解釈で構文の意味を一義的に捉えられるという本多 (2017) の主張に対して、本論では文脈に加えて、「論理的推論」により構文の意味が解釈されると想定している。

構文のタイプ			前件	後件	意味解釈
ク ジ ラ 構 文	通常の解釈	狭義のクジラ構文 前件否定［本多］(2)	焦点化		否定
		前件抑制［本多］(6)	焦点化		否定
	対偶的解釈	後件指摘［本多］(7) 先行命題が真であるのと同様、 後行命題も真である［平沢］(1)	（背景化）	焦点化 （前景化）	肯定

表3：構文のタイプ分類（文中における際立ちと肯定・否定極性の観点から）

　表3に示すように、本多 (2017) で新しく主張された「前件抑制」と「後件指摘」は、焦点化（前景化・背景化）という観点から見ても区別されることがわかる。また平沢 (2012) で取り上げられた例文 (1) の解釈は、平沢 (2012) のいう「先行命題が真であるのと同様、後行命題も真である」の意味になる場合、本多 (2017) の「後件指摘」に対応すると考えられる。この場合の対偶的解釈とは「原爆が脅威だとしたら、疫病も脅威ということになる」の意味である。つまり、「原爆を脅威だとするなら」という明らかに真の条件の下で成立する「疫病も脅威である」という後件の肯定的解釈に焦点があり、その意味で「レトリック」として機能するといえる。本論では、そうした2つの意味解釈のパタンは論理的推論が関わる「対偶的解釈」として統一的に捉えられると考える。

　「クジラ構文」の類型に関する本論の基本的立場は、以下の表4のようにまとめることができる。本多 (2017) で区別されている「前件否定」と「前件抑制」は前件の否定的解釈が焦点化される点では同じであり、その差異は後件に当たる要素の「低」の程度にしかない。「ウマ」のように「程度」が「ゼロ」の場合は修辞的効果が高い一方で、「相対的に低い」場合の修辞性はやや抑制されている。つまり、どれだけ効果的な「レトリック」として機能するかという点において、両者は異なるといえる。一方で、どちらの意味解釈も筋が通らない場合、それが背景化する代わりに「対偶的解釈」が前景化し、後件の肯定的解釈が焦点化される。

差の存在の 否定の仕方	前を下げる		後ろを上げる
後件の「低」の実質	「ゼロ」	「相対的に低い」	
本多 (2017)	前件否定 (2)	前件抑制 (6)	後件指摘 (7)
平沢 (2012)	後行命題が偽であ るのと同様、先行命 題も偽である (2)		先行命題が真であ るのと同様、後行命 題も真である (1)
本論	クジラ構文【狭義】	サブタイプ	対偶的解釈
	クジラ構文		

表 4：クジラ構文の解釈の仕方

　表 4 に示すように、本論では「前件抑制」のタイプを「狭義のクジラ構文」のサブタイプとしている。しかし、これはあくまで狭義のタイプを出発点とした共時的な分析に留まる。後者はイディオム的な解釈が定着しているのに対し、前者は絶えず文脈を必要とするため、前者をサブタイプ（つまり、後者から派生したもの）とした方が自然だからである。[19]

　また、「クジラ構文」の後件の「低」の実質（あるいは、程度）が「ゼロ」となる例には以下のようなものも見られる（下線は筆者による）。

(13) James Dewar argues that smoking cannabis should be no more criminal than <u>watching TV</u>. (BNC)

(14) He could no more understand what went on in a twenty-year-old's head than <u>fly to the moon</u>. (BNC)

　したがって、統語的な特徴は異なるが意味的には類同的な (13) (14) の例を、「狭義のクジラ構文」として適切に分類するための条件として、後件の「低」の実質という観点が必要であるといえる。

---

[19] 「狭義のクジラ構文」は、後件の「低」の程度が「ゼロ」になるという特殊な条件の下で生起し、それが繰り返し用いられた結果、やがて慣習化した意味（イディオムとしての意味）として定着したと考えるのが自然である。ただし、こうした通時的な検証は本論の枠組みを超えるものであり、今後の研究課題としたい。

6. 「クジラ構文」の実際の使用と理論的枠組み（類型）との関係

本節では、これまで検討してきた「クジラ構文」の類型とインフォーマントから提供してもらった構文の実際の使用例の関係を今一度振り返り、筆者の主張する「対偶解釈読み」の妥当性を検証する。導入として、まず柏野（2012: 234）の例を引用する（下線は筆者による）。

(15) Backers of such laws point to the more than 80,000 skateboarding injuries reported to the Consumer Product Safety Commission last year as proof that the activity can be hazardous. But skateboard proponents say their sport is no more dangerous than <u>bicycling</u>.

柏野（2012）のこの例では、スケートボード擁護派が、スケートボードの危険性を示す客観的なデータ（報告された負傷者の数）を指摘されても、それでもスケートボードは大して危険ではないことをアピールするために「自転車」を引き合いに出して、「危険だとしてもせいぜい自転車程度だ」というある程度抑制された「レトリック」で応酬している。[20] これは柏野（2012）によれば、B-2 タイプに分類される例であり、「話し手は相手の発言に対して肯定的な態度を取っていて、そのため主節だけではなく、than 節も肯定の意味に解釈される。ただ、話し手は一応、相手に同意はするが、その後 than 以下で同意の程度を弱める発言をする。そのため、全体は通例、『確かに X は…であるが、その程度はせいぜい Y くらい』というよう（に相手を安心させるよう）な意味になる」と主張されている。

つまり、擁護派はスケートボードの危険性を認めるのにやぶさかではないが、「実はせいぜい自転車程度の危険性しかない」と危険性を「抑制」しているという意味にとれる一方で、「そんなことを言うなら自転車だって危ないじゃないか」と「指摘」している意味にも解釈されるため、本多（2017）のいう「前件抑制」と「後件指摘」のいずれであるかの判断は文脈を必要とする。[21]

---

[20] 狭義のクジラ構文の (2) の例において、「魚」ではない例として「ウマ」を引き合いに出すことに比べれば、この場合の「レトリック」は抑制されているといえる。

[21] この例における意味を決定するには、後続文脈が必要である。この場合、前件と後件のどちらが焦点化されているか、曖昧だからである。同様に考えれば、平沢（2012）の (1)

「クジラ構文」の意味を適切に理解するために「文脈」が重要であるということは、話し手の「捉え方」が構文の意味解釈に密接に関係するということでもある。つまり、前件抑制の場合は「スケートボードの危険性の低さ」を焦点化するのに対し、後件指摘の場合は「自転車の危険性の高さ」を焦点化する。こうした相対的な関係は表3で示した焦点化（前景化・背景化）の違いを基にした特徴づけと合致している。柏野 (2012) のいう「肯定」・「否定」の意味は、語用論的な「同意」・「反論」にそれぞれ対応するため、「スケートボードは危険ではない」の「否定」と「自転車は危険である」の「肯定」の意味には対応しておらず、その意味でも表1で示した「クジラ構文」の解釈の仕方の分類は、八木 (2015: 181) が指摘している通り、混乱した様相を呈しているといえる。実際、「スケートボードが危険だとしたら、自転車も危険ということになる」という「対偶解釈読み」になるとすれば、通常の「前件抑制」の場合の解釈よりもレトリックとしての機能が高く、前件ではなく後件が焦点化されるが、論理的には「前件抑制」の場合と対偶の関係にあるという特徴をもつ。対偶命題は元の命題と論理的に同値ではあるが、「捉え方」を含んだ両者の意味は異なるため、両者を区別する必要がある。その際に重要なのが、「焦点化」という観点である。最後に、以下の作例 (16) を検討したい。

(16)　Drinking a 1.5 L bottle of coke is no more fattening than eating a bowl of raw sugar.

(16) は、コーラの大量摂取 (1.5 リットル) も生砂糖の大量摂取（ボウル一杯）も共に肥満の原因になるのは明らかなため「前件否定」にはなり得ず、また肥満の原因になる行為として両者を比較したとき、前件の方が後件よりも程度の水準が低いため、「前件抑制」にも「後件指摘」にもなり得ない。したがって (16) の例は、事前想定が前件より後件の方が程度の水準が高いという構図になるため、「前件を後件の水準まで上げる」という認知操作の働く「クジラ構文」の周辺例であるといえる。そうした認知操作の関わる場合は「前件」の肯定的解釈が焦点化される。[22] したがって、「コーラを 1.5 リットル飲

の意味解釈にも文脈が必要であるといえる。

[22] (16) では、後件の程度が「高」であるため、前件が焦点化されて後件との「差分がゼ

むのだったら、砂糖をボウル一杯分食べるようなものだ（どれだけ太るかそれで分かるだろう）」という大意として捉えることができる。このタイプの事例は、先行研究の枠組みでは捉えきれず、今後の研究課題の1つである。

7.　結び

　本論では、主な先行研究に基づいて「クジラ構文」の意味的な分類の仕方を確認した上で、実際に構文をどのように分類すべきかについて考察した。本論の議論は、基本的には本多 (2017) の分類の仕方を支持するが、一方で「前件抑制」の事例は所謂「クジラ構文」の下位カテゴリーに属する（つまり、サブタイプである）と主張した。両者の差異を動機づけるのは後件の「低」の実質の差異である。本論ではこうした前件が焦点化されるタイプを「クジラ構文」の「通常の解釈」として規定した。また、そうした2通りの解釈のいずれも困難な場合は、論理的に対偶の関係にある命題を想定することで、本多 (2017) のいう「後件指摘」と平沢 (2012) のいう「先行命題が真であるのと同様、後行命題も真である」に相当する解釈を、「対偶解釈読み」によって統一的に捉えられることを示した。そうした対偶的解釈は、構文の字義通りの意味が認識条件文としての解釈と表裏一体であることではじめて成立する。また、構文がいずれの解釈になるかは文脈に依存し、前件あるいは後件のいずれかが焦点化される結果、「否定」あるいは「肯定」の意味解釈になる。本論では「クジラ構文」に見られる条件性や論理性を基に、「論理的推論」という従来とは異なった視点から「クジラ構文」に関して新たな議論を行った。最後に、「クジラ構文」の意味解釈のパタンの分類自体が困難な事例を取り上げ、当該構文の定義にも関わる未解決の問題を指摘した。今後はより多くの実際の使用例に基づいて、本論の主張をさらに発展させていきたいと考える。

主要参考文献

平沢慎也. 2012.「「クジラ構文」の「構文」としての意味はどこにあるのか」『英語語法文法研究』第19号, 50-65.

平沢慎也. 2014.「「クジラ構文」はなぜ英語話者にとって自然に響くのか」『れに

ロ」になる場合、前件は肯定的に解釈されることになる。また百科事典的知識から、「後件を前件の水準まで下げる」という認知操作が働くとは考えにくい。

くさ』(3), 199-216. 東京大学.

廣田篤. 2017. 「「クジラ構文」の意味構造と認知的な特徴に関する一考察」『人間社会環境研究』第 34 号, 65-75. 金沢大学.

本多啓. 2017. 「クジラの公式の謎を解く」『神戸外大論叢』第 67 号, 59-88. 神戸市外国語大学.

柏野健次. 2012. 『英語語法詳解──英語語法学の確立へ向けて──』東京: 三省堂.

Langacker, R. W. 2008. *Cognitive Grammar: A Basic Introduction.* Oxford: Oxford University Press.

Quirk, R., S. Greenbaum, G. Leech and J. Svartvik. 1985. *A Comprehensive Grammar of the English Language.* London: Longman.

Sweetser, E. 1990. *From Etymology to Pragmatics.* Cambridge: Metaphorical and Cultural Aspects of Semantic Structure. Cambridge University Press. [澤田治美（訳）. 2000. 『認知意味論の展開──語源学から語用論まで──』東京: 研究社.]

八木克正. 2015. 「比較構文と同定イディオム──no more ... than の本質──」『英語語法文法研究』第 22 号, 167-182.

例文の出典

British National Corpus (http://bnc.jkn21.com/)

（金沢大学大学院）

atsushih@stu.kanazawa-u.ac.jp

実現の含意から見た not（...）until X 構文の用法[*]

明　日　誠　一

1.　はじめに

　not（...）until X 構文（X は、基本的に、名詞句または節）は、実現の含意（the sense of actualization）を表す場合に使うことができる。例えば、（1）は（2）を含意し、wake up という本動詞の表す状況が実現したことを意味する。

（1）　John didn't wake up until nine.　　　　　（Declerck 1995: 51）

（2）　John woke up at nine.

　実現の含意が生じる仕組みについては、実質的に、2 つの異なる分析が提案されている。例えば、（1）は、（3a）と（3b）の 2 通りの分析が可能である。

（3）　a.　[Until nine, [John didn't wake up]].

　　　 b.　[John woke up [not until nine]].　cf. Declerck (1995: 55; 94)

　（3a）と（3b）の違いは、Declerck (1995) 流に言えば、until nine が否定の作用域に入るかどうかにある。本動詞に着目すれば、両者の違いは、本動詞が否定されるかどうかにあると言い換えることができる。

　until nine に着目すると、9 時という時点を含むかどうかにおいても 2 つの分析は異なる。（3a）の until nine は 'before nine' を意味し、9 時という時点を含まない。[1] これに対して、（3b）の not until nine は、Ginnakidou (2002:

---

　[*]　本稿は英語語法文法学会第 25 回大会（2017 年 10 月 21 日、於：専修大学）の研究発表に加筆修正したものである。有益な指摘をいただいた査読者に感謝します。

　[1]　（i）の NPI until は、本稿で言う exclusive until に当たる。

　　（i）　Heinämäki (1974) and others have proposed that NPI until is the same

87) 流にパレフレーズすると、'at nine and not before that' となり、9時という時点を含む。一般に、(3a) の until は継続的 (durative)、(3b) の until は瞬時的 (punctual) と呼ばれるが、本稿では、until nine の nine を除外する (3a) の until を exclusive *until*、この時点を包含する (3b) の until を inclusive *until* と呼んで2つの分析を区別する。

先行研究では、exclusive *until* と inclusive *until* は互いに排他的で、競合する仮説であると理解されているが、筆者の蒐集した言語資料と照らし合わせると、実際には、両者は相補的関係にある。つまり、実現の含意は2つの異なる仕組みによって2通りに表される。4節では、本動詞が否定される情報が先行文脈で与えられる有標の環境では、exclusive *until* の解釈になるが、それ以外の無標の環境では、inclusive *until* の解釈になることを指摘する。

3節では、inclusive *until* 分析における実現の含意が何かについて内容を整理する。この分析で最も重要な言語事実を指摘しているのは Declerck (1995) なのであるが、自ら指摘する事実と矛盾する仮説を立てている。Declerck (1995) は、(3b) の構造から (4a) の主張と (4b) の前提を導き、この2つの合成から (5) の意味が派生すると考えている。

（4） a. John didn't wake up before nine.

b. John woke up at nine.

（5） John woke up as late as nine.

(4a) で Declerck (1995) が意図しているのは、not が before nine (=earlier than nine) を修飾する解釈である。しかし、(4a) の自然な解釈は、before nine が文副詞で、否定の作用域に入らない解釈である。すると、(4a) の意味論的な意味から (4b) を会話の含意として導くと考えることもできるので、

---

lexical item as the *until* of *John slept until noon*, but is immediately outside the scope of a negation, e.g., that (i) has essentially the logical structure of (ii), namely (iii) :

i. John didn't arrive until midnight.

ii. Until midnight, John didn't arrive.

iii. ($\forall$:t<midnight)$_t$ not (John arrived at t)　　　　(McCawley 1988: 635)

($\forall$:t<midnight)$_t$ は、for all times earlier than midnight ということなので、'before midnight' と実質的に意味が同じになる。

実現の含意から見た not (...) until X 構文の用法　　　139

結局、exclusive *until* 分析と言っていることが同じになってしまうのである。

　Declerck（1995: 62; 94）、および、筆者の蒐集した資料から、（3b）の構造では、John woke up. の部分が意味論的な意味であると修正する。また、not until nine は、Ginnakidou（2002: 87）流にパラフレーズすると、'at nine and not before that' となるが、'not before that (=not earlier than that)' がもう一つの意味論的な意味で、'at nine' の部分が会話の含意であると修正する。

　5節では遅発効果（lateness effect）を扱う。実現の含意に関して、inclusive *until* 分析が優位なのは、実現の時が期待や予想より遅いという遅発効果を適切に説明できることである。（1）を例に取ると、John's waking-up という状況の実現の時点が「期待・予想される before [=earlier than] nine の範囲」には存在せず、「実現可能で、なおかつ、実際に実現した一番早い時点」はそれより遅い at nine になると分析する。この結果、9時が時間尺度の中で「遅い」値となるので、'as late as nine' の含意が生じると説明できる。遅発効果については、Karttunen（1974）、de Swart（1996）、Vogeleer（2001）などが指摘しているが、（1）に（5）のパラフレーズを与え、否定の作用域に入る until X の表す遅発効果が 'as late as' であると明言したのが Declerck（1995: 53）である。しかし、inclusive *until* が lateness、さらには、'as late as' を含意することを直接的に示す証拠が先行研究では挙げられていないので、筆者の蒐集した言語資料から Declerck（1995: 53）の主張を裏付ける実例を提示する。

　3節～5節の議論の理解に役立つように、2節では、私見に基づいて not (...) until X 構文の見取り図を提示する。6節はまとめである。

2.　not (...) until X 構文の用法：「否認」と「実現の含意」

　not (...) until X 構文には、実現の含意を表す用法の他に、通例、否認と訳される denial の用法がある。例えば、（6）のように主強勢が didn't に置かれると否認の解釈になる。

（6）　John DIDN'T sleep until nine. (=John woke up before nine.)

これは、John slept until nine. という相手の発言が誤りであると主張する

場合の解釈である。この場合、外部否定を表す It is NOT the case that John slept until nine. で言い換えることができる。

　否認の解釈で注意したいのは、直接的に否定されるのが until nine であることである。John slept until nine. は、until nine の部分が9時を終了時とする期間を表し、一文全体では「John's sleeping という継続的な状況が9時に終了した」ことを意味する。これを否認すると、John's sleeping が終了したのが「9時より前の時」であると主張することになる。

　実現の含意を表す用法については、「実現の時」に着目すると、発生時、開始時、完了時を表す3つのタイプに分類できる。

　実現の時が発生時を表すのは、典型的には、(3) の wake up のように、本動詞が瞬時性 (punctuality) を含意する場合である。先行研究では、arrive も例として取り上げられるが、瞬時的動詞に共通するのは、始まると同時に終わるというように、一瞬のうちにある状況が成立することを表すことである。

　実現の時が開始時を表すのは、本動詞が活動動詞の場合に限られるように思われる。活動動詞は、(6) のように否認を表す場合に使うことができるが、主強勢の位置を変えて、(7) のように nine に置くと、実現の含意を表すこともできる (cf. Ürögdi 2009: 149)。

（7）　John didn't sleep until NINE. (=John began sleeping at nine.)

　活動動詞は、期間を表す for 句と共起できる特徴がある。期間という<u>概念</u>は、開始時と終了時を含む点を考慮すると、肯定文に現れる until X は X が終了時を表すのに対して、否定文に現れ、かつ、X に主強勢が置かれる場合の until X は X が開始時を表すとまとめることができる。

　実現の時が完了時を表す用法には、2つのパターンが認められる。1つは、(8) のように、本動詞に finish が現れる場合である。

（8）　"So you were critiquing Ross's films until midnight?" Michelle asked, looking disappointed. "Not midnight. We didn't finish until after two in the morning."

(J. Fluke, *Double Fudge Brownie Murder*)

not ... until after two in the morning は、ロスの制作した映画すべての論評が完了した時点が「午前 2 時過ぎ」であることを表している。

もう 1 つのパターンは、数量詞の all が現れる場合である。[2]

(9) a. Not until 1781 did all of these states accept and ratify the plans and therefore establish the Articles of Confederation.

(S. Henderson, *Aspects of American History*)

b. ... Congress adopted the edited Articles in 1777, but it was not until 1781 that all the states had approved the document.

The main reason why it took the states so long to sign the Articles of Confederation was because of a dispute over land between the states.

(E. Burnett, *The Best American History Book in the World*)

(9a) と (9b) の not until 1781 は、最後に残った州（メリーランド州[3]）が、合衆国最初の憲法と言われる連合規約 (the Articles of Confederation) を承認したことで、独立に参加した 13 州すべての承認が完了した年が 1781 年であることを表している。

3. inclusive *until* 分析における実現の含意

Declerck (1995: 62) によると、John didn't wake up until nine. の後に、John woke up. という含意を取り消す内容の文が続く (10) は、意味論的に不

---

[2]　all が not と until の間に現れる場合、容認性に差が生じる。Carden (1968) は (i) を非文と判断しているが、Jackendoff (1971: 296) は容認している。容認される場合、(i) は (ii) のようにパラフレーズできる (cf. Smith (1974: 63))。

(ⅰ) *Not all the time bombs will explode until 6:00.

(Carden (1968), cited in Jackendoff (1971: 295))

(ⅱ) The last time bomb won't explode until 6:00.

倒置文 ((9a)) や it 分裂文 ((9b)) では、not と until の語彙的な結合が構文的に明示されるので、完了時の読みが保証されると考えられる。

[3]　Maryland was the last state to give its approval, not agreeing to the Articles of Confederation until 1781. (S. C. Tucker ed., *The Encyclopedia of the Wars of the Early American Republic, 1783-1812*)

適格 (semantically anomalous) である。

(10) John didn't wake up until nine. In fact, I heard later that he didn't wake up at all.

話し手自身が John woke up. という含意を取り消すことができないとすると、聞き手はどうなのだろうか？ Declerck (1995: 75; 92) によると、(11a) のような外部否定を使って、John didn't wake up until nine. を否認すると、(11b) の意味を表す。

(11) a. It is not TRUE that John didn't wake up until nine.
      b. John woke up, but at some earlier time. (=John woke up before nine.)

(11b) は、John woke up. という含意が否認によって否定されないことを示している。つまり、John didn't wake up until nine. という文は、John's waking-up という状況が実際に実現したという含意を持つと、話し手も聞き手も了解するのである。一見すると、この含意は前提 (presupposition) のように見えるが、Declerck (1995: 62) が主張するように、意味論的なものであると考えられる。

(12) "David woke up the third time the ghost appeared, didn't he?"
      "Yes, but not until she vanished. He didn't see her."

(L. Block, *Ariel*)

Yes で相手に同意しているのは、David woke up. の部分である。そこで、Yes を David woke up に置き換えると (13a) になるが、これは、(13b) のようにパラフレーズできる。

(13) a. David woke up, but not until she vanished.
      b. David didn't wake up until she vanished.

視点を変えて、今度は (13b) から (13a) を見ると、(13a) は、実現の時点を指定する部分 (not until she vanished) とそれ以外の部分 (David woke up) の 2 つの部分の合成で表されることが分かる。それ以外の部分というの

実現の含意から見た not (...) until X 構文の用法　　　143

は、本動詞と、本動詞が義務的に要求する項で構成される文である。

　ここで、もう一度 Yes に戻ると、Yes を使って相手に同意するということ
は、David woke up. が前提ではなく、主張を表している、つまり、論理的な
含意である、ことを示している。

　こう考えると、John didn't wake up until nine. では、John woke up. の部
分が話し手の主張を表し、論理的な含意となるので、(10) で見たように、話
し手自身が、後に In fact, I heard later that he didn't wake up at all. と続け
ると論理的に矛盾し、意味論的に不適格となるのである。

　今度は、聞き手に目を向けると、(11a) の It is not TRUE that John didn't
wake up until nine. という否認では、John woke up. の部分が、聞き手自身
にとっても主張となるので、John's waking-up という状況が実現したという
含意が取り消されないと説明することができる。

　すると、外部否定で否定されるのは何かが問題になるが、その答えは、実
現の時点を指定する部分 (not until nine) となる。(11a) が (11b) で見たよ
うに John woke up before nine. でパラフレーズできることは、not (not
until nine) = before nine が成り立つことを意味する。そして、否定文に現
れる until の論理的な意味は 'before' である (Karttunen 1974: 291-292)。こ
の 2 つの点に着目すると、not until nine の意味論的な意味は、'not before
nine [=not earlier than nine]' であることが分かる。

　先行研究では、実現の含意と言うと、実現の時点を含んだ意味で理解する
のが一般的である（これを「広義の実現の含意」と呼ぼう）。例えば、(14a) の
実現の含意は (14b) であると考える。

(14)　a.　John didn't wake up until nine. [= (1)]
　　　b.　John woke up at nine. [= (2)]

　しかし、正確には、inclusive *until* 分析における実現の含意と言うのは、
「実現の時点を指定する部分」を除いた部分を指す。つまり、本動詞と、本動
詞が義務的に要求する項で構成される文が表す内容である（これを「狭義の
実現の含意」と呼ぼう）。

　Declerck (1995) は、the sense of actualization を広義と狭義の 2 つの意
味で使っているが、not (...) until X 構文を特徴づけるという意味で、実際に

意図しているのは「狭義の実現の含意」である。

(15)　They did not give in before/*until they ran out of ammunition, and
　　　in fact they never did.　　　　　　　　　　(Declerck 1995: 94)

until を選択すると非文になるのは、They gave in. という「狭義の実現の
含意」、つまり、論理的な含意である話し手自身の主張、を and in fact they
never did [=gave in] で取り消そうとしたからである。[4]

「狭義の実現の含意」では、もう 1 つ注意したいことがある。実現の含意が
取り消すことができない例として Declerck（1995）が挙げている（10）や
（15）では、本動詞が単純過去時制であることである。

de Swart（1996: 223）は、（16）の第 2 文は、第 1 文の会話の含意を取り消
していると述べているが、この説明は適切ではない。

(16)　She said she wouldn't come until Friday.　In the end, she didn't
　　　come at all.

（16）は、She said she would come, but in fact she didn't. と同様、文のつ
ながりに不自然さはない。これは、She would come. が She came. を論理的
に含意しないように、She wouldn't come until Friday. が She came. を論理
的に含意しないからである。この結果、（16）の第 2 文で、In the end, she
didn't come at all. と続けても論理的に矛盾しない。（16）の wouldn't が
didn't であれば、She came. を論理的に含意するので、この場合には、意味
論的に不適格になる。

ここまでの議論を（1）を使って整理しよう。inclusive *until* 分析では、（17）
の構造を（18a）のように分析し、not until nine については、（18b）に見るよ
うに、'at nine and not before that' を意味すると考える。

---

[4]　端的に言えば、not ... until の until を before に置換して考えるのが exclusive *until* 分
析の特徴であるが、until と before では含意が異なることを指摘しているのが（15）である。
にもかかわらず、Declerck（1995）は、（1）の John didn't wake up until nine. の意味論的
な意味を（4a）の John didn't wake up before nine. と仮定したために、exclusive *until* 分
析との違い、ひいては、「狭義の実現の含意」が何か分かりにくくなってしまっている。

(17)　　John didn't wake up until nine. [= (1)]

(18)　　a.　[John woke up [not until nine]]. [=3b]

　　　　b.　[John woke up [at nine and not before that]].

(17) は、John's waking-up という状況が実現したという「狭義の含意」を表す部分と実現の時点を指定する部分の2つから構成される文である。John woke up. は、話し手の主張であり、論理的な含意を表す。また、not until nine は、意味論的には、not before that. を表す。

意味論的に言えば、(1) の意味は「ジョンは目を覚ましたが、その時点は9時より前ではない」である。すると、結局、いつの時点で目覚めたのかということになるが、実現可能な一番早い時点として話し手が9時に言及しているので、聞き手は、この9時が実際の実現の時だと推論する。しかし、(18b)の at nine の部分は会話の含意なので取り消すことができる。

(19)　　The princess did not wake up until 10.　When I went to see her
　　　　after 10, she was still asleep.　　　　　　　　　(Vogeleer 2001: 379)

(19) の第1文が論理的に述べているのは「王女は目を覚ましたが、それが起きたのは10時より前ではない」である。すると、目が覚めたのは10時以降ということになるが、話し手は until 10:01 や until 10:30 などではなく、until 10 という表現を使っているので、可能性として一番早い10時に、実際に目が覚めたのだと聞き手は推論する。しかし、これは意味論的な意味ではなく、会話の含意なので、話し手は後に When I went to see her after 10, she was still asleep. と続けて「目覚めた時点が10時だった」という含意を取り消すことができる。

会話の含意は明示する（reinforce）こともできる。実現可能で実際に実現した一番早い時点であることを表す at the earliest を明示して until 10 at the earliest とすると、後に When I went to see her after 10, she was still asleep と続けることはできない（Vogeleer 2001: 379）。

4. 「実現の含意」に関する 2 種類の分析：exclusive *until* と inclusive *until*
4.1. exclusive *until*

本稿で言う exclusive *until* と inclusive *until* は、順に、いわゆる durative *until* と punctual *until* に相当する。前者の *until* が期間 (duration) を表すのに対して、後者の until は瞬時性を表すと主張される。この主張が正しいかどうか確かめるためには、それぞれ、how long、when（または (at) what time) で始まる疑問文の答えに until X が現れるかどうか調べればよい――先行研究では、この点に関する事実確認が行われていない。最初に、exclusive *until* を取り上げる。die が瞬時的動詞であることに注意して (20) を見てみよう。

(20) "Are *you* going to die, Mummy?"　"One day I will.　But not for a very very long time."　"How long?"　"Not for as long as you need a mummy."　"How long?"　"Not until you're a mummy yourself.　Quick now, Em. Eyes shut."

(A. Pearson, *I Don't Know How She Does It*)

Not for as long as you need a mummy. は、完全な文に復元すると、I'm not going to die for as long as you need a mummy. となる。この答えに納得しない娘は、for as long as you need a mummy をさらに具体的に言うとどのくらいの長さになるのか、How long? をもう一度使って畳みかけるように尋ねているが、この How long? の答えの中に until you're a mummy yourself が現れているので、この until 節は your being-a-mummy-yourself を終了時とする期間を表している。つまり、Not (=I'm not going to die) until you're a mummy yourself. は、my not-dying という継続的な状況が、娘自身が母親になった時点で終了することを表しているので、exclusive *until* の意味で使われている。

Declerck (1995: 94) は、(1) を (3a) の意味で、話し手が意図することも、聞き手が理解することも、可能性としては極めて低いと述べている。これは、exclusive *until* が有標の解釈で、inclusive *until* が無標の解釈であることを示唆する。有標の解釈が成立する条件を (20) の例から探すと、「not (...) until X 構文に現れる本動詞を否定する情報が先行文脈で提示されている」ことが

その条件であると考えられる。(20) の not for a very very long time を、完全な文に復元し、その構造を単純な形で示すと、[[I'm not going to die] [for a very very long time]]. となる。die は、状態動詞ではなく、瞬時的動詞なので、for 句が否定の作用域に入る解釈は成立しない。つまり、先行文脈で話題となっているのは、my dying という状況の実現ではなく、my not-dying という状況の継続なので、Not until 以下では、(省略されている) 本動詞の die を否定的に解釈すればよいと判断できる。

　今度は、文脈条件に視点を置いて、exclusive *until* 分析が成立するか見てみよう。(21) の a child/sister について予め補足しておくと、a child とは、ネンが16歳の時に未婚の母で生んだ子供を指すが、子供自身は、16歳になるまで、ネンが年の離れた姉で、ネンの両親を実の両親と思って育ったために a sister という表現が併記されている。

(21)　Perhaps Nen, with a child/sister in her past, was not a great catch. She worked hard, and must, I think, have had some talent; she was cook/housekeeper at one of the better houses on the outskirts of Ewhurst; perhaps her employers had not wanted her to leave.　Whatever the reason, Nen didn't marry until she was in her early forties, when she married Albert Bulbeck, some four years her junior.　　　　　　　(I. Marchant, *The Longest Crawl*)

　最後の一文に現れる「ネンは4歳ほど年下のアルバート・ブルベックと結婚した」という内容の when 節は、「結局、ネンが結婚した」という会話の含意を明示する役割を果たしている。したがって、Nen didn't marry until she was in her early forties の部分は、Nen's not-marrying という継続的な状況が40代前半になって終了したという exclusive *until* の意味で解釈しなければならない。つまり、瞬時的動詞である marry は否定的に解釈しなければならない。

　仮に、この when 節がなかったとしたら、marry は否定的に解釈できないのだろうか? 先行文脈に目を向けると、語り手は、ネンに連れ子がいたので、妻としての魅力に欠ける可能性と、ネンは仕事ができたので、雇用主が手放したがらなかった可能性に言及している。こうした示唆は、読み手に、

ネンの独身期間が長く続いたシナリオを推論させるので、先行文脈からの情報だけで、読み手は、Nen's not-marrying という継続的な状況が話題となっていることを正しく理解できる。

4.2.　inclusive *until*

inclusive *until*（until が否定の作用域に入り、not と語彙的に結合するタイプ）は、実現した出来事を時間尺度上の特定の値と結びつけると考えて正しいとすると、when や (at) what time で始まる疑問文の答えとして not until X が現れると予測される。実際、この予測は正しい。

(22)　"When did she arrive?" said Charles rather nervously.　"Not until this afternoon.　Caroline was expecting her last night."

(R. Crompton, *Caroline*)

(23)　"At what time did you arrive at the house?"　"Not until nearly nine. We were delayed by the traffic. ...

(C. P. Gilman, *Unpunished*)

(22) では When の答えとして Not until this morning. が現れ、(23) では At what time の答えとして Not until nearly nine. が現れ、いずれも not が until と結びついて、到着するという状況が実現した時点を指定している。では、not が until と結びつくと、時間尺度上の特定の値を表すのは何故なのだろうか？

瞬時的動詞の arrive は、主語が複数形の場合、反復的な出来事を表すことができる。

(24)　One by one, my children arrived until there were three, adding more work and chaos and more love and enjoyment to my life.
(R. A. Fesler, *Alicia's Updates: A Mother's Memoir of Pediatric Cancer*)

(25)　For about an hour the wedding guests arrived until at last it was time for the wedding service to begin.

(D. Linwood, *Hannah and Miriam*)

実現の含意から見た not (...) until X 構文の用法　　　149

(24) は、文頭の One by one が、arriving という出来事が繰り返し起きたことを明示している。反復的な出来事は、継続的な状況として認識されるが、実際、(25) では、文頭に期間を表す For about an hour が現れている。

すると、until X 自体は、基本的に期間を表すが、一回的な出来事と結びつく時には、not が until X の表す期間から終点の X 以外のすべての時点を切り取る役割を果たすことにより、特定の時点に出来事を位置づけることができると考えられる (Declerck 1995: 58-59)。

not と until X との語彙的結合は、倒置文 ((9a)) や it 分裂文 ((9b)) の他に、but not until X の形式でも見られる。

(26)　a.　The government had promised to pay these veterans a bonus of $1,000, but not until 1945.

　　　　　　(A. E. Malchik, *The Great Depression by the Numbers*)

　　　b.　They [=The veterans] were issued genuine paper service certificates assuring them that the government would pay them the money they had earned and deserved.　But not until 1945.　(M. Schram, *Vets Under Siege: How America Deceives and Dishonors Those Who Fight Our Battles*)

(26a) と (26b) は、どちらも、第 1 次世界大戦に従軍した兵士に (1,000 ドルの) 特別賞与金を支払うことを米国政府が約束したことを述べている。not until 1945 は、この特別賞与金が支払われる予定の時期が 1945 年であることを表しているが、実現の時期だけを単独で指定する表現形式が存在し、さらには、(26b) のように談話内で独立して現れることは、not と until の結合関係が強固で安定的であること示している。

5.　遅発効果

inclusive *until* が lateness と関係することは、実際の言語資料に接していると、共起する表現から感じ取ることができる。例えば、(9b) の it took the states so long to sign the Article of Confederation、(22) の expecting her last night、(23) delayed by the traffic に着目すると実現の時が期待や予測よりも「遅い」ことが見えてくる。

先行研究では、遅発効果の存在は、at the earliest によって説明される (cf. de Swart (1996: 249–251) ; Vogeleer (2001: 379))。

(27)　John didn't wake up until nine at the earliest/*at the latest

John's waking-up という出来事が実際に実現したが、それを指定する時間軸上では、「9時より前の期待される時点のすべて」が切り取られているので、実際に可能な時間指定は、一番早い時点 (at the earliest) で9時ということになる。見かけ上は一番早い時点なのであるが、期待していたのが5時や6時であれば「9時は遅い時点」となる。実際には遅い時点が見かけ上、at the earliest で表すことで遅発効果の存在を見ている。

まず、late と共起し、遅発効果が直接的に表現される例から見てみよう。

(28)　Bill had invited an important client and his wife to dinner.　He scheduled it for 7:30 P.M. at an Italian restaurant, but he didn't arrive until 7:45, 15 minutes late.

(S. Morem, *How to Gain the Professional Edge*)

(29)　"When is the battle?" Ernest asked him.　"Late.　Not until two o'clock," Henry groaned.

(D. Tully, *Ernest Dingle: The Mystery of the Princes in the Tower*)

(28) は、ビルが顧客の接待で、イタリアンレストランに夕方7時半で予約を入れたのに、15分遅刻の7時45分に到着したことが述べられている。予定時刻からの遅れが15分であることを15 minutes late が表している。(29) は、アーネストが戦の開始時刻を尋ねているが、ヘンリーは、それが遅いことを最初に Late. で断っている。

次に not (...) until X が 'as late as X' の意味で使われていることが明確に分かる例を見てみよう。(28) のような例でも、予定の7時半から15分遅い7時45分に到着したので、not until 7:45 は as late as 7:45 を意味すると説明できるが、対比を手掛かりに、as late as の意味が浮き彫りになる例を見てみることにする。as late as は as early as と対になる概念を表すので、同様に、not (...) until X が as early as と対になる事例を探せばよい。

(30) Systematic civil registration of births, deaths and marriages came
later there [=in Britain] than in France — not until 1836 in Eng-
land and as late as 1856 in Scotland.

(M. S. Anderson, *The Ascendancy of Europe: 1815-1914*)

(31) The compass has been in use for perhaps 1000 years. Latitude
was measured fairly accurately as early as the 1400s, but it was not
until the early 1800s that longitude could be precisely determined.

(M. P. Peterson, *Mapping in the Cloud*)

(30) では、まず、イギリスの方がフランスに比べて、出生、死亡、結婚に
関する市民登録制度の開始が遅かったことを述べている。同一の語句の反復
的使用を避けるために、イングランドでは not until、スコットランドでは as
late as を使っているが、フランスと比べた時には、イングランドもスコット
ランドも開始が「遅い」という共通のグループ（＝イギリス）に入るので、こ
の 2 つの表現は同義で、not until='as late as' であると判断できる。

(31) では、緯度が正確に計測できるようになった時期と経度が正確に計測
できるようになった時期の間に 400 年の開きがあり、対比を表す but を挟ん
で、前者で as early as が使われているので、後者の not until は 'as late as'
を意味すると判断できる。

6.　終わりに

not (...) until X 構文の全体的な見取り図を提示した上で、exclusive *until*
分析と inclusive *until* 分析は、いずれか一方が正しい仮説ではなく、現実の
英語は、実現の含意が 2 つの異なる仕組みによって 2 通りに表されることを
言語資料に基づいて主張した。また、inclusive *until* 分析では、実現の含意
についての記述に混乱が見られるので、実現の含意を「状況の実現」と「実現
時の指定」の 2 つに分けて、英語の実態を正しく反映するように内容を整理
した。最後に、inclusive *until* 分析の有効性を示す遅発効果について、学習
者・指導者・研究者の理解を深める言語資料を提示した。

参考文献

Carden, G. 1968. "A Note on *None*." In S. Kuno ed., *Mathematical Linguistics and Automatic Translation*, Report NSF-20. Cambridge: Harvard Computation Laboratory.

Declerck, R. 1995. "The Problem of *Not ... Until*." *Linguistics* 33, 51–98.

de Swart, H. 1996. "Meaning and Use of *Not ... Until*." *Journal of Semantics* 13, 221–263.

Giannakidou, A. 2002. "UNTIL, Aspect and Negation: A Novel Argument for Two *Until*s." *SALT* XII, 84–103.

Jackendoff, R. S. 1971. "On Some Questionable Arguments about Quantifiers and Negation." *Language* 47, 282–297.

Karttunen. 1974. "Until." *CLS* 10, 284–297.

McCawley, J. D. 1988. *The Syntactic Phenomena of English*, 2nd ed. Chicago: The University of Chicago Press.

Smith, S. B. 1974. *Meaning and Negation*. The Hague: Mouton.

Ürögdi 2009. "Temporal Adverbial Clauses with or without Operator Movement." In K. É. Kiss ed., *Adverbs and Adverbial Adjuncts at the Interfaces*. Berlin: Mouton de Gruyter.

Vogeleer, S. 2001. "French Negative Sentences with *avant* ('before')-phrases and *jusqu'à* ('until')-phrases." In Y. D'hulst, J. Rooryck and J. Schroten eds., *Romance Languages and Linguistic Theory 1999*, 355–382. Amsterdam: John Benjamins Publishing Company.

（青山学院大学（非常勤））

t70646@aoyamagakuin.jp

『英語語法文法研究』の論文・語法ノートへの投稿規定

1. 投稿は会員に限る。
2. 投稿論文は現代英語の語法および文法研究に資する内容のものであり、未発表の論文であること。
3. 投稿締め切りは **7 月 10 日（必着）**、採否決定を 8 月中旬、刊行を 12 月とする。
4. 論文の場合、長さは 34 文字 × 31 行、16 枚以内とする。語法ノートの場合、長さは 34 文字 × 31 行、6 枚以内とする。
5. 投稿者は、下記①と②の電子ファイル、ならびにその紙媒体を用意する。
   ①「論文」・「語法ノート」の原稿（MS Word ファイルまたは PDF ファイル）
   冒頭には論文題名のみを記し、名前・所属は記入しない。また、ファイルの情報として作成者名を残さない（ファイルの「プロパティ」等を確認し、必ず作成者名を削除するか匿名にする）。
   ② 執筆者情報（MS Word ファイルまたは PDF ファイル）
   論文題名、氏名（ふりがな）、所属、連絡先の郵便番号と住所、電話番号、email address を明記する。投稿論文が奨励賞の審査対象となることを希望する場合は、必ず、当該年度の投稿論文の応募締切時点での年齢と、大学院修士課程あるいは博士前期課程を修了した年月（または、在籍中ならばその旨）を、このファイルに明記すること。（奨励賞の候補者は、39 歳以下、または大学院修士課程あるいは博士前期課程を修了 10 年以内の学会会員に限る。）
   なお、紙媒体については、①と②を、A4 用紙にそれぞれ 1 部印刷する。
6. 入力に関しては、特に以下の点に留意すること。
   a. 投稿の段階では原稿に謝辞を入れない。
   b. 例文の前後に 1 行ずつの空白行を設ける。
   c. 各節には見出しをつけ、節の前に 1 行ずつ空白行を設ける。
   d. 外字、機種特有の文字・記号は使用しない。
   e. 和文中の英語の語句の前後に半角のスペースを入れる。
   f. 2 桁以上の数字は半角を用いる。
   g. 小説・論文の出典は下のように表記する。
      (S. Sheldon, *The Windmill*)　(Declerck 1979: 123)
   h. 注は脚注とする。
   i. 上記以外は既刊号の論文を参考にすること。

7. 参考文献の書式は以下の例にならうこと。

Hopper, P.J. 1979. "Aspect and Foregrounding in Discourse." In T. Givón ed., *Syntax and Semantics* 12, 213-241. New York: Academic Press.

柏野健次. 1993.「easy タイプの形容詞の 3 つの意味」衣笠忠司・赤野一郎・内田聖二（編）『英語基礎語彙の文法』145-154.　東京: 英宝社.

小西友七. 1976a.『英語の前置詞』東京: 大修館書店.

小西友七. 1976b.『英語シノニムの語法』東京: 研究社.

Lasnik, H. and M. Saito. 1984. "On the Nature of Proper Government." *Linguistic Inquiry* 15, 235-289.

村田勇三郎. 1979.「Functional Sentence Perspective」『英語青年』第125巻第 3 号, 20-21.

Quirk, R., S. Greenbaum, G. Leech and J. Svartvik. 1985. *A Comprehensive Grammar of the English Language*. London: Longman.

van der Leek, F. 1996. "The English Conative Construction: A Compositional Account." *CLS* 32, 363-373.

8. 原稿の採否は編集委員会の審査により決定する。

9. 著者校正は 1 回とし、変更は字句の修正のみとする。

10. 原稿料は支払わない。

11. 応募書類の提出先

第 5 項の①と②の電子ファイルは email に添付して、編集委員長宛に email（segu.paper@gmail.com）で送ること。件名を「投稿」とする。また、①と②の紙媒体は、編集委員長宛*に郵送すること（「投稿論文在中」と朱記）。

*〒183-0011　東京都府中市白糸台 2-27-35　吉良文孝

英語語法文法研究　　第25号

編集人　英語語法文法学会
　　　　　代表者　大室　剛志
発行人　英語語法文法学会
　　　　　520-2194　滋賀県大津市瀬田大江町横谷 1-5
　　　　　龍谷大学社会学部　五十嵐海理研究室内
　　　　　Tel. (077) 543-7436　　　Fax 077-543-7615

2018年12月25日　第 1 版第 1 刷発行

発行所　　株式会社　開 拓 社

113-0023　東京都文京区向丘 1-5-2
電話　（03）5842-8900（代表）
振替　00160-8-39587
http://www.kaitakusha.co.jp

印刷所　萩原印刷株式会社　　　　　　　　ISBN978-4-7589-2075-9　C3382

開拓社 2018年の新刊

※定価は本体＋税

12月最新刊

英文法の心理 中右 実 著／A5判 312頁 本体3200円

談話分析キーターム事典 P. Baker・S. Ellece 著／澤田治美・澤田 治・澤田 淳 訳／四六判 392頁 本体3800円

英語教師力アップシリーズ

❹授業力アップのための 英語授業実践アイディア集
小田寛人・江藤秀一 編／A5判 276頁 本体3000円

ミニマリスト日英語比較統語論 外池滋生 著／A5判 464頁 本体5200円

10月最新刊

わずか5分の穴埋めリスニングテストで、センター試験やTOEICの得点を予測できる、画期的研究!!
The Minimal English Test（最小英語テスト）研究
牧 秀樹 著／A5判 256頁 本体3800円《音声CD付》

A Dynamic Study of Some Derivative Processes in English Grammar: Towards a Theory of Explanation
中澤和夫 著／菊判 184頁 本体5000円

A Study on Cross-Linguistic Variations in Realization Patterns: New Proposals Based on Competition Theory
西牧和也 著／菊判 180頁 本体5000円

Studies in the History of the English Language 8
A Chronological and Comparative Study of Body Language in English and American Literature
堀 正広・池田裕子・高口圭轉 編／A5判 180頁 本体3800円

9月の新刊

英語学を英語授業に活かす 市河賞の精神を受け継いで
池内正幸・窪薗晴夫・小菅和也 編／四六判 328頁 本体2800円

発話型英文法の教え方・学び方 中村 捷 著／A5判 352頁 本体2700円

認知言語学研究の広がり
大橋浩・川瀬義清・古賀恵介・長加奈子・村尾治彦 編／A5判 312頁 本体4600円

6月の新刊

英語教師のための英語史
片見彰夫・川端朋広・山本史歩子 編／A5判 288頁 本体3000円

開拓社叢書

〈A5判〉

㉚ことばのインテリジェンス
トリックとレトリック
沖田知子・堀田知子・稲木昭子 著／244頁 本体2900円　3月の新刊

㉛生成意味論入門
阿部 潤 著／A5判 192頁. 本体2600円
3月の新刊

㉜英語の時制の一致
時制の一致と「仮定法の伝播」
千葉修司 著／220頁 本体2800円　7月の新刊

㉝言語学から文学作品を見る
ヘミングウェイの文体に迫る
倉林秀男 著／252頁 本体2900円　12月最新刊

言語研究と言語学の進展 シリーズ（A5判・全3巻）

❶ 言語の構造と分析 統語論、音声学・音韻論、形態論
西原哲雄 編／福田稔・中村浩一郎・古川武史・都田青子・近藤眞理子・西原哲雄・
長野明子 著／A5判 312頁 本体4200円　**10月最新刊**

❷ 言語の認知とコミュニケーション
意味論・語用論、認知言語学、社会言語学　**11月最新刊**
早瀬尚子 編／早瀬尚子・吉村あき子・谷口一美・小松原哲太・井上逸兵・
多々良直弘 著／A5判 348頁 本体4200円

❸ 言語の獲得・進化・変化 心理言語学、進化言語学、歴史言語学
遊佐典昭 編／遊佐典昭・杉崎鉱司・小野創・藤田耕司・田中伸一・池内正幸・
谷 明信・尾崎久男・米倉綽 著／A5判 364頁 本体4200円　**6月の新刊**

「英文法大事典」シリーズ（A5判・全11巻）

第❷巻 補部となる節、付加部となる節　**12月最新刊**
木口寛久・船越健志・船越さやか・後藤亘・瀧田健介 訳／A5判 552頁 本体5200円

第❺巻 前置詞と前置詞句、そして否定　**5月の新刊**
縄田裕幸・久米祐介・松元洋介・山村崇斗 訳／324頁 本体3500円

第❼巻 関係詞と比較構文　**5月の新刊**
岩田彩志・田中秀毅・藤川勝也・辻 早代加 訳／324頁 本体3500円

3月の新刊

ことばを編む
西岡宣明・福田 稔・松瀬憲司・長谷信夫・緒方隆文・橋本美喜男 編／
A5判 448頁 本体7000円

ことばのパースペクティヴ
中村芳久教授退職記念論文集刊行会 編／
A5判 552頁 本体8000円

翻訳と語用論 東森勲 著／A5判 168頁 本体2400円

開拓社 言語・文化選書 〈四六判〉

10月最新刊

⑰ **外国語学習に潜む意識と無意識** 福田純也 著／240頁 本体2000円

⑱ **記号論から見た俳句** 有馬道子 著／208頁 本体2000円

3月の新刊

⑰ **動詞の意味を分解する** 様態・結果・状態の語彙意味論
出水孝典 著／224頁 本体2000円

⑰ **意味解釈の中のモダリティ（上）** 澤田治美 著／208頁 本体2000円

⑰ **意味解釈の中のモダリティ（下）** 澤田治美 著／232頁 本体2000円

6月の新刊

⑭ **ことわざから探る英米人の知恵と考え方**
安藤邦男 著／232頁 本体2000円

⑮ **「視点」の違いから見る日英語の表現と文化の比較**
尾野治彦 著／224頁 本体2000円

⑯ **新たな英語史研究をめざして** 詩学と記号論を視点に
三輪伸春 著／224頁 本体2000円

〒113-0023 東京都文京区向丘1-5-2 ☎03-5842-8900 http://www.kaitakusha.co.jp 開拓社

大修館書店 https://www.taishukan.co.jp
電話 03-3868-2651（販売部）

基礎からわかる英和辞典！

ベーシックジーニアス英和辞典 第❷版

好評発売中！

[編集主幹]
原川博善、畠山利一

● B6変型判・函入・1,888頁・2色刷
定価＝本体**2,700**円＋税
978-4-469-04183-5

『ジーニアス英和辞典』

から生まれた最新刊！

文法学習はこれ1冊で！

好評発売中！

ジーニアス総合英語

[編集主幹]
中邑光男、山岡憲史、柏野健次

● A5判・656頁・オールカラー
定価＝本体**1,500**円＋税
978-4-469-34294-9

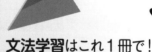

スマホで使える
モデル文音声、
講義動画
もご用意！